教育・学校心理学

小山　望　編著

飯高晶子・市川寛子・古池若葉
小泉晋一・鈴木弘充・高村和代　共著

建帛社
KENPAKUSHA

はじめに

　教育職員免許法施行規則の改正に伴い，2019年4月から教員養成のカリキュラムが変更されました。これまでのカリキュラムでは，通常学級での教育対象となるのは主として定型的な発達をしている児童・生徒でしたが，この改正により，特別な支援を必要とする発達障害（自閉症スペクトラム障害，注意欠如・多動性障害，学習障害など）や言語障害，その他の障害のある子どももその対象に加えられました。障害の有無にかかわらず，誰しもが相互に人格と個性を尊重し支え合い，人々の多様なあり方を相互に認め合う機会を得ることは，今後の共生社会を形成していくうえで貴重な経験です。

　本書の前身は，2002年初版の『教育心理学〈エクササイズ〉で学ぶ発達と学習』です。発刊から16年目を迎え，今般内容構成を見直し，新たに「学校現場での心理的問題と対応」，「学校におけるカウンセリング」および「学級心理学」の内容を追加しました。さらに発達心理学の最新の知見や脳科学の理論なども加味するなど全面的に書き直し，書名も改めた形での出版となりました。

　最近の学校教育現場では，いじめや不登校等への対応および特別支援教育の充実を図ることが急務であり，教員やスクールカウンセラー，スクールソシャルワーカーなどが「チーム学校」の体制で，さまざまな心理的問題を抱えた児童・生徒に対して効果的な心理教育的支援やカウンセリング活動を行うことが求められています。

　本書はそうした教育現場の要望に添う内容となっています。是非，教員を養成している大学の「教育心理学」の教科書として，また公認心理師を養成している大学の「学校心理学」のテキストとしてご活用いただければ幸いです。

　最後に執筆者としてお願いした各先生方には，ご多忙のなか鋭意取り組んでいただき感謝申し上げる次第です。また建帛社編集部の皆さんには，本書の企画から大変ご尽力いただきました。ここに記して感謝申し上げます。

2019年2月

編者　小山　望

目　次

第1章　教育心理学，学校心理学とは　　1

❶ 教育心理学とは ……………………………………………………… *1*
　（1）教育心理学とはどのような学問か ………………………… *1*
　（2）教育心理学の研究方法 ……………………………………… *3*

❷ 学校心理学とは ……………………………………………………… *5*

❸ 教育心理学の歴史 …………………………………………………… *7*
　（1）心理学以前（18 〜 19 世紀）……………………………… *7*
　（2）教育心理学の揺籃期（19 世紀末〜 20 世紀初頭）……… *8*
　（3）教育心理学の発展期（20 世紀中期以後）………………… *10*

❹ 学校心理学の歴史 …………………………………………………… *11*

演習 ………………………………………………………………………… *13*

第2章　発達理論　　15

❶ 発達とは何か ………………………………………………………… *15*
　（1）発達の定義 …………………………………………………… *15*
　（2）発達の時期区分 ……………………………………………… *16*
　（3）発達の規定要因をめぐる論争 ……………………………… *17*

❷ 認知発達の理論 ……………………………………………………… *20*
　（1）乳幼児における認知の特徴 ………………………………… *21*
　（2）認知発達の諸理論 …………………………………………… *24*

❸ アタッチメント（愛着）理論 ……………………………………… *32*
　（1）アタッチメントとは何か …………………………………… *32*
　（2）アタッチメントの発達 ……………………………………… *34*
　（3）アタッチメントの個人差とその要因 ……………………… *35*
　（4）早期のアタッチメントがその後の発達に与える影響：
　　　 漸成説とソーシャル・ネットワーク理論 ………………… *38*

❹ エリクソンの発達理論 ·· 39
演習 ·· 40

第3章　児童・生徒の発達的理解と脳科学—思春期の発達心理学—　43

❶ 脳の構造 ·· 43
　（1）大脳皮質 ·· 44
　（2）神経細胞どうしのつながり：シナプス ·· 45
　（3）大脳の二層構造：灰白質と白質 ·· 45
❷ 乳児期の脳の発達 ··· 46
　（1）刈り込みと髄鞘化：効率的な神経基盤構築のために ················ 46
　（2）敏感期 ·· 47
❸ 児童期の脳の発達 ··· 47
　（1）前頭前野の実行機能 ·· 47
　（2）脳の可塑性 ·· 48
　（3）虐待による脳への影響 ·· 49
❹ 思春期の脳の発達 ··· 51
　（1）精神疾患発症の好発年齢 ··· 51
　（2）ブレーキ不全な脳：危険行動をとりやすい ··································· 52
　（3）体内時計が夜型 ·· 53
　（4）仲間外れによる影響 ·· 55
演習 ·· 57

第4章　パーソナリティの理解　60

❶ パーソナリティとは ·· 60
❷ パーソナリティの理論 ·· 61
　（1）類型論 ·· 61
　（2）特性論 ·· 63
　（3）精神分析のアプローチ ·· 64
　（4）人間性心理学のアプローチ ··· 66
❸ パーソナリティの測定（パーソナリティ検査） ···································· 69
　（1）質問紙法 ·· 69

（2）投影法 …………………………………………………………… *70*
❹　知能と知能検査 ……………………………………………………… *71*
　　（1）知能検査 ………………………………………………………… *71*
　　（2）知能の理論 ……………………………………………………… *73*
演習 ………………………………………………………………………… *75*

第5章　自己形成と社会性の発達　　76

❶　自己形成 ……………………………………………………………… *76*
　　（1）自己の芽生え …………………………………………………… *76*
　　（2）自己意識の深まり ……………………………………………… *78*
　　（3）自己意識の再構成 ……………………………………………… *79*
　　（4）アイデンティティの確立 ……………………………………… *79*
❷　社会性の発達 ………………………………………………………… *81*
　　（1）道徳性の発達 …………………………………………………… *81*
　　（2）共感性の発達 …………………………………………………… *84*
　　（3）役割取得の発達 ………………………………………………… *84*
❸　仲間関係の発達 ……………………………………………………… *86*
　　（1）幼児期の仲間関係 ……………………………………………… *86*
　　（2）児童期の仲間関係 ……………………………………………… *87*
　　（3）青年期の仲間関係 ……………………………………………… *88*
演習 ………………………………………………………………………… *89*

第6章　学習理論と動機づけ　　92

❶　学習理論 ……………………………………………………………… *92*
　　（1）条件づけ ………………………………………………………… *93*
　　（2）社会的学習理論 ………………………………………………… *95*
❷　学習の情報処理理論 ………………………………………………… *96*
　　（1）記憶のプロセス ………………………………………………… *96*
　　（2）記憶の二重貯蔵モデル ………………………………………… *98*
　　（3）メタ認知 ………………………………………………………… *100*
❸　動機づけの理論 ……………………………………………………… *101*

（1）外発的動機づけ ·· *101*
　　（2）内発的動機づけ ·· *102*
　　（3）アンダーマイニング効果 ·· *103*
❹　帰属理論，期待・価値理論 ·· *104*
　　（1）原因帰属 ·· *104*
[演習] ··· *106*

第7章　幼児期，児童期，青年期の心理的問題と対応　108

❶　発達課題 ··· *108*
❷　幼児期 ·· *110*
　　（1）アタッチメントの形成とその問題 ·· *110*
　　（2）集団生活における社会性の獲得とその問題 ························ *111*
❸　児童期 ·· *113*
　　（1）対人関係の不適応 ·· *113*
　　（2）学習不適応 ·· *116*
❹　青年期 ·· *118*
　　（1）アイデンティティの形成における問題とその対応 ·············· *118*
　　（2）対人関係をめぐる問題とその対応 ······································ *119*
[演習] ··· *121*

第8章　教育現場での心理的問題と対応　124

❶　スクールカウンセラーの役割 ·· *124*
　　（1）学校組織の中でのスクールカウンセラーの位置付け ·············· *124*
　　（2）スクールカウンセラーとスクールソーシャルワーカー ·········· *125*
❷　不登校 ·· *126*
　　（1）不登校の現状 ·· *126*
　　（2）不登校の変遷 ·· *127*
　　（3）不登校のタイプ ·· *127*
　　（4）不登校の支援 ·· *128*
❸　いじめ ·· *129*
　　（1）いじめの現状 ·· *129*

（2）いじめの内容 ……………………………………………………… *130*
　（3）いじめへの対応 …………………………………………………… *132*
❹ 少年非行 …………………………………………………………………… *133*
　（1）少年非行と法的処遇 ……………………………………………… *133*
　（2）少年非行の変遷と現状 …………………………………………… *134*
　（3）少年非行の要因 …………………………………………………… *135*
　（4）少年非行への対応 ………………………………………………… *136*
演習 ………………………………………………………………………… *137*

第9章　学校におけるカウンセリング　　　　　　　　　*139*

❶ 学校におけるカウンセリングについて ……………………………… *139*
　（1）人間関係をつくる技法 …………………………………………… *139*
　（2）カウンセリング技法 ……………………………………………… *140*
　（3）行動療法 …………………………………………………………… *143*
　（4）認知行動療法 ……………………………………………………… *144*
❷ 集団療法 …………………………………………………………………… *144*
　（1）構成的グループエンカウンター ………………………………… *144*
　（2）ソーシャルスキル・トレーニング ……………………………… *145*
　（3）ロールプレイング ………………………………………………… *145*
❸ 学校教育相談とは ……………………………………………………… *148*
　（1）学級担任の役割 …………………………………………………… *148*
　（2）チーム学校 ………………………………………………………… *148*
　（3）スクールカウンセラーの活用 …………………………………… *150*
演習 ………………………………………………………………………… *150*

第10章　学級心理学　　　　　　　　　　　　　　　　　*152*

❶ 集団とは何か …………………………………………………………… *152*
❷ 集団規範と同調圧力 …………………………………………………… *153*
　（1）集団規範とは ……………………………………………………… *153*
　（2）同調圧力 …………………………………………………………… *154*
❸ 集団凝集性を高める方法 ……………………………………………… *155*

- (1) 集団凝集性とは ……………………………………………………… *155*
- (2) リーダーシップの PM 理論 …………………………………… *155*
- ❹ リーダーシップを育てる ……………………………………………… *156*
- ❺ 学級集団とは何か ………………………………………………………… *158*
  - (1) 学級集団とは ………………………………………………………… *158*
  - (2) 学級集団づくり ……………………………………………………… *159*
  - (3) 仲間集団とその発達 ………………………………………………… *164*
- 演習 …………………………………………………………………………………… *166*

第 11 章　特別支援教育　　　　　　　　　　　　*168*

- ❶ 特別支援教育とは ………………………………………………………… *168*
- ❷ さまざまな障害～障害とは～ ………………………………………… *169*
  - (1) 障害をどうとらえるか ……………………………………………… *169*
  - (2) 機能障害の原因 ……………………………………………………… *170*
  - (3) 特別支援教育の対象となる障害 ………………………………… *171*
- ❸ 発達障害 …………………………………………………………………… *173*
  - (1) 自閉症スペクトラム障害（ASD）……………………………… *173*
  - (2) 注意欠如・多動性障害（ADHD）……………………………… *174*
  - (3) 学習障害（LD）……………………………………………………… *174*
- ❹ 知的障害 …………………………………………………………………… *175*
- ❺ 肢体不自由 ………………………………………………………………… *175*
- ❻ 視覚障害 …………………………………………………………………… *176*
- ❼ 聴覚障害 …………………………………………………………………… *176*
- ❽ 言語・文化，家庭環境などに関連して必要となる特別の支援 …… *177*
- ❾ 特別支援教育の仕組み ………………………………………………… *178*
  - (1) 学校・幼稚園における特別支援教育のシステム …………… *178*
  - (2) インクルーシブ教育 ……………………………………………… *179*
- 演習 …………………………………………………………………………………… *181*

索　引 ……………………………………………………………………………… *183*

第1章 教育心理学，学校心理学とは

本章では，本書で学習する教育心理学，学校心理学について，まずはそれらがどのような学問であるのかを概観する。そのうえで，その2つの学問の歴史の概要を述べる。

1 教育心理学とは

(1) 教育心理学とはどのような学問か

　教育心理学とは，心理学という学問の一領域である。日本の教員養成課程においては，教育心理学で取り上げる内容は，「幼児，児童及び生徒の心身の発達及び学習の過程」としてその履修が必修となっている。この節では，教育心理学がどのような学問であるか，また，なぜ教員になるために教育心理学を学ぶ必要があるのかについて検討する。さらに，教育心理学が教育という現象・事象に対してどのような研究方法でアプローチしているのかについてみていく。

a．教育心理学の定義

　教育心理学がどのような学問であるかについては，研究者の重点の置き方によって定義がやや異なっている。ここでは，「教育心理学とは，学校を中心とする教育の場において，教育に関わる現象や課題について心理学的な視点から理解し，また教育の改善に役立つ指導や支援の方法の開発を目指す学問」と定義することにする。

　この定義には，心理学の二面性が表れている。市川[1]は，「およそどのよう

な学問にも，対象を分析し理解するという学術的な目的と，人間生活の向上に役立てるという実用的な目的とがある」とした上で，教育心理学にもこの二面性があると指摘している。その二面性とは，心理学に基づいて教育の理論的・実証的解明を目指すという面と，教育面の問題の解決に貢献するという面である。前者は，人間の発達や学習に関する心理学の基礎的な知見や理論に基づいて，教育に関わる現象を説明しようとする視点であり，いわば「理学的な視点」といえるだろう。それに対して，後者は，教育が抱える諸問題を解決するために実際の教育活動に焦点を当て，その活動を評価し，より教育的な効果を高めるためにその活動の改善を図る視点であり，いわば「工学的な視点」といえるだろう。

　上記の2つの視点にはそれぞれ短所もある。理学的な視点に立つと，具体的な教育現象を普遍的で一般的な現象に抽象化して研究することになるので，その知見が現実の教育現象にどう活かせるのかが見えにくくなりやすい。一方，工学的な視点に立つと，個別の具体的な教育活動に焦点を当てて研究することになるので，学術的な立場からは普遍的な原理の解明に結び付きにくいように見える。したがって，教育心理学は，両者の視点を合わせもって研究を進めることにより，相互に補い合いながら教育についてより豊かな知見をもたらそうとしているといえる。

b．教育心理学の方法論

　教育心理学の定義については上述したとおりだが，教育に関わる現象や課題について研究する学問は，他にも教育哲学，教育史，教育社会学，教育行政学などがある。これらの学問は，それぞれ教育現象へのアプローチの仕方，すなわち研究の方法論が異なっており，教育心理学は心理学的な視点から教育を探究している。心理学の研究方法の特色は，対象者への調査や実験などによりデータを収集し，その分析に基づいて実証的に現象を理解することを目指す点にある。教育心理学の研究方法については次の(2)で具体的に論じる。

c．教育心理学の研究領域

　日本教育心理学会が編集した『教育心理学ハンドブック』においては，最近の研究動向が7種類の領域に分類されている[2]。具体的には**表1-1**に示すとおりである[2,3]。これら7領域を大別すれば，①育ち（「発達」「性格」「社会」），

表 1-1 教育心理学の研究領域

領域	領域の概要	項目例
発達	生涯にわたり個体の心身が変化する過程や様相とそれらの個人差。	アタッチメント，アイデンティティの形成
性格	個人を特徴付け全体的なまとまりを与える，一貫性のある反応パターン。	共感性，レジリエンス
社会	人と環境（他者，文化，社会システムなど）との関係性のこと。	仲間関係，教師―生徒関係，学級風土
教授・学習	教材を媒介とした対人的な相互交渉を通して他者の学習活動を支援すること。／体験を通して知識，技能などを獲得すること。	発見学習，動機づけ，メタ認知
測定・評価	理解度や関心・意欲の評価，適性の把握，入学者選抜など，教育上の多様な判断・決定のために当事者や教育環境に関する情報を収集，活用すること。	ルーブリック，ポートフォリオ評価
臨床	心理的な問題や不適応行動などの機序の理解と，その回復や予防を目指した支援のこと。	いじめ，不登校，教育相談，心理教育
障害	適応困難な状態である障害という現象の機序に関する解明と，その対応や状況の改善を目指した支援のこと。	特別支援教育，発達障害，アセスメント

（日本教育心理学会，2003，および鹿毛，2006 の分類をもとに加筆して作成）

②学び（「教授・学習」），③教えること（「教授・学習」「測定・評価」），④適応（「臨床」「障害」）にまとめることができるだろう。

（2）教育心理学の研究方法

a．データ収集の手法による分類

　教育心理学は心理学の一領域であることから，心理学の研究方法が用いられる。心理学はデータを収集し，その分析結果に基づいて結論を導く，実証科学に位置付けられる。心理学の研究方法はいくつかの視点から分類することができるが，その代表はデータ収集の手法による分類である。心理学および教育心理学の主な研究方法として，①観察法，②実験法，③質問紙法，④面接法が挙

表 1-2 教育心理学の研究方法の特徴

研究方法	内容	長所	短所
観察法	対象者の行動を観察し，その記録を分析することで，行動の特徴や法則性を解明する方法。対象者との関係により非参加観察法と参加観察法とに分けられる。	対象者の自然な行動をとらえることができる。／言語的な交流が難しい対象にも適用できる。	現象の原因と結果の関係を明確にとらえにくい。／観察可能な行動に限界がある。／観察の視点・解釈が主観的になりやすい。
実験法	対象者や場面の諸条件を厳密に統制したうえで，そこで生じた特定の行動や事象を分析し，原因と結果の関係を考察する方法。	現象の原因と結果の関係を明確にとらえられる。／同じ方法でもう一度確かめることができる（再現性が高い）。	対象者の限られた側面しかとらえられない。／人為的な場面で得られた結果を現実の場面に当てはめてとらえにくい。
質問紙法	研究の目的に応じて作成，記述された質問項目への回答を分析し，対象者の心理的側面の特徴や法則性を解明する方法。	個人の内面についての情報を得ることができる。／集団を対象に実施できるのでデータ収集の効率がよい。／結果を数量的，統計的に分析しやすい。／無記名にすることによって匿名性を確保できる。	質問文の理解や回答に必要な言語能力をもたない対象には適用できない。／あらかじめ用意された質問項目以外の情報は得られない。
面接法	対象者との直接的な対話を通してその心理的側面を理解しようとする方法。	個人の内面についての情報を詳細かつ総合的にとらえることができる。／あらかじめ想定していなかった情報が得られる可能性がある。	人間の心理の普遍的な特徴や法則性を解明するのには向かない。／面接には時間がかかるため，大人数のデータ収集が困難である。

げられる。それらの特徴は，表1-2に示すとおりである。それぞれの研究方法には長所と短所がある。したがって，実際に教育心理学の研究を行う際には，複数の研究方法を組み合わせて実施することもある。

b．その他の分類

教育心理学の研究においては，学年や年齢間での比較をすることが多い。比較の方法には，横断的研究法と縦断的研究法がある。

横断的研究法とは，同じ時期に異なる学年の子どもたちのデータを一度に収

集し，それらを分析することで，学年間の比較を行う方法である。それに対して，縦断的研究法とは，同じ子どもたちを対象に，一定の時間的間隔をおいて継続的にデータを収集し，それらを分析することで，学年間の経時的な変化をとらえる方法である。横断的研究法は，短期間に異なる学年のデータを収集して学年間の一般的な共通性や相違点を検討することができるという点が長所である。しかし，個人の時間的な変化をとらえることはできない点が短所となる。

それに対して，縦断的研究法は，個人内の時間的な変化の過程をとらえることができ，その変化をもたらす要因についての検討が可能な場合もあるという点が長所である。しかし，同じ対象者へのデータ収集を長期間にわたり行うため，対象者にとっても研究者にとっても時間や労力がかかる点が短所となる。

教育心理学の研究方法には，他にも法則定立的方法と個性記述的方法という分類の仕方がある。法則定立的方法とは，人間の行動や心の働きに関する普遍的な法則を明らかにし，それを理論的に体系化しようとする研究方法である。それに対して，個性記述的方法とは，個別的な事象（人，状況，出来事など）の特性を明らかにすることを目的とする研究方法である。

それぞれの目的に応じてデータ収集の方法が異なり，前者は多数の対象者に関するデータ収集を，後者は個人を対象とする詳細なデータ収集を行う。教育心理学においては，教育に関する普遍的な原理や法則性を明らかにするだけではなく，目の前の児童・生徒やクラスを理解することも研究目的となりうる。そうした研究は個性記述的な方法による事例研究という形をとる。

❷ 学校心理学とは

学校心理学（school psychology）とは「学校教育において一人ひとりの児童生徒が学習面，心理・社会面，進路面における課題への取り組みの過程で出会う問題状況の解決を援助し，成長することを促進する心理教育的援助サービスの理論と実践を支える学問体系」である[4]。この心理教育的な支援サービスは三段階からなり，学校心理学の専門家（スクールカウンセラーなど）と教師，保護者とが連携して行うものである。

最初の段階を一次的支援サービスといい，すべての子どもがもつと考えられ

る発達上の課題や教育上の課題を遂行するうえでなされる支援ニーズに対応する。一次的支援サービスには予防的支援と促進的支援とがあり，すべての児童・生徒が対象となる。

予防的支援には学校適応を促進させるための入学時オリエンテーションやストレスマネジメント教育，非行防止教育，薬物乱用防止教育などがある。促進的支援は開発的援助ともいわれ，構成的グループエンカウンターによる対人スキルの向上や特別活動の時間を利用した学習スキルの指導などが相当する。二次的支援サービスは，登校しぶりや学習意欲の低下，クラスでの孤立傾向など支援ニーズの大きい一部の子どもに対してなされ，その担い手は主に担任の教師である。三次的支援サービスは不登校，いじめ，発達障害，非行などの特別な支援ニーズをもつ子どもを対象にして，スクールカウンセラーなどを交えた支援チームで行う活動である。支援の対象は，子どもだけでなく家庭や学級，学校全体までをも含む。

学校心理学の活動としては，①学校教育相談，②特別支援教育，③適応指導教室における教育，④スクールカウンセラーの活動の4領域がある[5]。この4領域の中でもスクールカウンセラーの活動は多岐にわたるが，大別すれば，①子どもを取り巻く環境に対するアセスメント，②子どもに対するカウンセリング，③教師や保護者に対するコンサルテーション，④子どもの発達や心の健康を促進させる心理教育が挙げられる。

子どもを取り巻く環境に対するアセスメントでは，学級や家庭や地域における学習面，心理・社会面などの状況についての情報収集をして問題の所在を仮定し支援計画を立てる。不登校，いじめ，非行，学習困難などのさまざまな問題を抱えている子どもがいる。問題の個人的要因としては，発達障害や心的外傷後ストレス障害（PTSD）などがある。環境的要因としては，学級の荒れ，児童虐待，家庭の貧困，教師の体罰などが考えられる。子どもの問題は，こういった個人的要因と環境的要因との相互作用によって生じるので，問題の解決に向けて問題の所在に対する仮説を立てて支援を行う必要がある。

子ども一人ひとりとカウンセリングを行うことも重要な仕事ではあるが，いじめの問題や危機介入など，学級集団や学校全体が支援の対象となることがある。この場合には，校内での連携をとおしてチーム支援が必要であり，スクー

ルカウンセラーはチームの中で心理学の専門家として位置付けられ，学校支援の役割を果たす。教師や保護者に対するコンサルテーションでは，心理学の専門家としての立場から子どもの問題について助言や心理教育を行う。コンサルテーションはスクールカウンセラーの仕事の中でも比重が高く，相談内容によっては専門の医療機関や児童相談所などに紹介して連携をとる必要もある。

　教育現場における子どもの支援は，クラス担任，学年主任，養護教諭，教育相談担当教諭，教頭，校長などさまざまな立場の教師が連携して行う。その中に保護者やスクールカウンセラーも入る。すなわちスクールカウンセラーは「チーム学校」の一員として子どもの支援を行う。支援の対象は子どもだけではない。学級や学年，学校全体であり，教師や保護者などの学校に関わる人々も支援の対象として視野に入れる必要がある。そのように考えると，スクールカウンセラーは個人の心理臨床活動だけを行うのではなく，集団に対して介入を行うコミュニティ臨床心理学的なアプローチが求められる。

　公認心理師の資格が2015年に誕生して，今後はスクールカウンセラーのニーズがますます高まると考えられる。公認心理師が学校心理学の実践活動を行う場合には，よりよい支援を行うためにも，また教育現場のスタッフの一員としての役割を果たすためにも，臨床心理学の知識だけにとどまらず学校全体に関する広範囲の知識が要求される。すなわち教育分野での法律や教員組織，関連機関，教育行政などの知識も求められるのである。

3　教育心理学の歴史

　教育心理学という学問は，どのような歴史をたどって今日に至るのだろうか。吉田[6]は，世界の教育心理学の歴史を整理し，その歴史を3つの時期に分けて概観している。本節でもその時期区分を踏まえ，教育心理学の成立に関連の深い人物に焦点を当てながらその歴史を振り返ってみよう。

(1) 心理学以前（18〜19世紀）

　人間の心とは何かという問題は，長らく哲学の中で探究されてきたが，学問としての心理学の誕生は19世紀末である。具体的には，ヴント（Wundt, W.M.,

1832-1920）が1879年にドイツのライプツィヒ大学に世界初の心理学実験室を開設したのが始まりとされる。

　教育心理学は，教育に関わる現象を心理学的な視点から探究している学問であり，心理学と教育の双方との関わりをもっている。教育に関する学問的な探究は，心理学成立以前の18世紀にさかのぼり，哲学者たちがあるべき望ましい教育についての論考や実践を行っていた。18世紀後半から19世紀にかけて教育に関わった代表的な哲学者・教育学者や教育実践家として，フランスのルソー（Rousseau, J.-J., 1712-1778），スイスのペスタロッチ（Pestalozzi, J.H., 1746-1827），ドイツのヘルベルト（Herbart, J.F., 1776-1841），フレーベル（Fröbel, F., 1782-1852）らが挙げられる。

(2) 教育心理学の揺籃期（19世紀末〜20世紀初頭）

　ヨーロッパで誕生した教育に関する進歩的な思想は，その後アメリカの研究者に大きな影響を与え，教育心理学の誕生をもたらした。ここでは，そうした時代の代表的な研究者として，ジェームズ（James, W., 1842-1910），ホール（Hall, G.S., 1844-1924），ソーンダイク（Thorndike, E.L., 1874-1949），ウィトマー（Witmer, L., 1867-1956）について取り上げる。

　ジェームズは，心理学が哲学の中で探究されていた時代の心理学者・哲学者であり，大著『心理学原理』（1890）の著者として有名である。彼は人間を理解するうえで意識を研究することの重要性を強調した。また，発達の初期に獲得された習慣が社会で安定して生きるために機能していると考え，教育の役割について重視した。その著書『心理学における教師との対話』（1899）は，教育心理学の初めてのテキストだとされることから，ジェームズはアメリカの教育心理学の父と呼ばれている。

　ホールは，アメリカでジェームズの指導を受けたのちドイツに留学してヴントの指導を受けたという経歴をもつ。その著書『入学児童の精神内容』（1883）では，初めて質問紙法で小学校入学児童の知識内容を調査しており，児童研究の開拓者である。アメリカにおいて1893年に児童研究協会を結成し，心理学，教育学，医学から総合的に児童を研究しようとする児童研究運動を推進し，アメリカ各地に児童研究所を設立した。こうした活動が，子どもの発達の科学的

な研究を後押しすることになった。1892年にはアメリカ心理学会を組織して初代会長に就任し，教育心理学，児童心理学，青年心理学などの新たな研究領域の開拓にもあたった。以上のように，ホールはさまざまな活動の創始者・創立者であり，最初の教育心理学者，発達心理学者であるといえる。

　ソーンダイクもまた，ジェームズの指導を受けた者の一人である。彼は，児童を対象とする教授・学習の研究が困難であることから，動物行動の比較研究を行い，問題箱（problem box）と呼ばれる装置を考案して動物の知能研究に新しい道を拓いた（第6章参照）。問題箱とは，紐を引っ張れば扉が開く仕掛けのある装置である。箱に閉じ込められた動物が紐を引いて扉を開け，箱の外に出るという課題解決に要する時間や誤反応数による学習曲線を動物の種間で検討した。その結果，試行錯誤による偶然の行動の結果，満足感がもたらされたら，その行動とそのときの状況との連合が強まること（効果の法則），行動と状況との反復によって，いっそう連合が強められること（練習の法則）を主張した。これは連合説と呼ばれる。ソーンダイクは，人間の複雑な行動にもこのメカニズムがあると考え，子どもが計算や問題解決の力を獲得しやすいように連合説に基づいたドリル学習を提案し，彼が著した著書『ソーンダイクの算数』（1917），『算数の心理学』（1922）は全米で大ブームとなった。また，子どもの学習の結果を科学的，量的に測定しようとするテスト理論を提唱した。彼は『教育心理学』（1903）をはじめとして教育に関する本を何冊も著しており，ソーンダイクは教育心理学の創始者とされる。

　教育心理学の研究領域として「適応」領域があることについては先に触れた。この領域は，心理，発達，学力，行動などに問題を抱えている子どもを理解したうえで支援し，環境への適応を促すことを目指した研究領域である。この領域に貢献したウィトマーもまたドイツに留学してヴントのもとで実験心理学を学んでいる。しかし，帰国後は関心が移り，1896年にペンシルバニア大学で心理クリニック（psychological clinic）を創設し，学習に困難を示す子どもへの援助を始め，大学院生への訓練システムも整備していった。こうした活動から，ウィトマーは臨床心理学における「創立の父」と呼ばれている。臨床心理学は心理や発達，行動上の問題を抱えた人の理解や支援を目指す研究領域であるが，教育心理学においても子どもの適応について研究されていることから，

ウィトマーもまた教育心理学にとって関わりの深い人物であるといえる。

(3) 教育心理学の発展期（20世紀中期以後）

心理学の世界においては，20世紀の半ばに大きな転換点を迎えた。一つは，スイスの発達心理学者ピアジェ（Piaget, J., 1896-1980）が提案した人間の認知発達に関する包括的な理論である「発生的認識論」（genetic epistemology）である。もう一つは，認知心理学という新たな研究領域の誕生である。ピアジェの理論は，発達心理学や教育心理学の世界だけではなく，学校教育の現場における教育実践にも大きな影響を与えた。その理論については，第2章であらためて詳述する。以下では認知心理学の誕生の経緯についてみていく。

認知心理学が盛んになる以前の心理学の世界では，人間の行動を「S-R（刺激－反応）」の連合で説明する行動主義の理論が主流であった。そこでは人間の外界にある刺激と，それに対する反応である行動のみが研究対象とされ，人間の認知や思考は観察不可能で客観性を欠くものとして研究対象から除外されてきた。しかし，1950年頃から急速に進歩したコンピュータが普及すると，情報科学が盛んになってきた。情報科学の考え方は，心理学にも影響を与え，人間もコンピュータと同じように，外から情報を入力し，その情報を処理して結果を出力する存在であるととらえる新しい人間観が登場した。そのような人間観に基づいて，人間の記憶，概念，知識，推論，学習，問題解決などの認知過程を，情報処理の枠組みから説明しようとする認知心理学という領域が成立した。1967年にアメリカのナイサー（Neisser, U., 1928-2012）が『認知心理学』というタイトルの本を出版してから，認知心理学が一般的に認知されるようになった。

認知心理学は，教育心理学にも計り知れないほどの大きな影響をもたらした。たとえば，新しい材料を学ぶ際に学習者の既有知識がどのような役割を果たすのかや，動機づけが学習行動に与える影響，子どもの個性と最適な教授方法の関連などのさまざまな研究課題が次々と展開している。さらに，教育心理学の研究は，実験室の限られた環境だけでなく，幼児教育の場や小中高校などの教室という現場（フィールド）での活動をも研究対象とするようになってきた。多様な研究テーマの教育心理学研究の成果を，次章以降では検討していく。

4　学校心理学の歴史

　前節で述べたとおり1896年にウィトマーは，アメリカのペンシルバニア大学で学習に困難を示すための心理クリニックを開設した（p.9参照）。この年が，臨床心理学が誕生した年だといわれている。1907年にウィトマーは"Psychological Clinic"を創刊して，「臨床心理学」と題する論文を掲載した。ここで，アメリカで初めて臨床心理学という用語が使用された。ウィトマーは通常学級に在籍していて学校の授業についていけない，現在でいう学習障害などの発達障害がある児童・生徒に対するアセスメントと支援とを行った。個々の事例について成育歴などを詳細に聴取し，行動の様子について注意深く観察して，身体の状態を徹底的に検査し，知的発達の諸側面について詳しく検査した。これらは心理職が単独で行ったのではなく，常に医師やソーシャルワーカーや教師らと連携をとってチームで行った。ウィトマーは臨床心理学の祖と考えられているが，彼の理論と実践は現在の臨床心理学とは必ずしも直結するものではない。むしろウィトマーは学校心理学の創始者として位置付けられる方が適切である[7]。

　19世紀末のアメリカでは近代工業化と労働力の都市集中化が進み，急速な社会変動が起きた。都市には職を求める人があふれ，青少年に職業指導をする必要性が生じたために，パーソンズ（Parsons, F., 1854-1908）らによって職業指導運動が展開された。この職業指導運動の中でカウンセリングという言葉が用いられるようになった。

　職業指導は最初のうちは職業安定所のようなところで行われていたが，やがて教育現場でも取り入れられるようになった。生徒の卒業後の進路指導の中でカウンセリングが用いられ，職業カウンセリング（vocation counseling）という言葉も生まれた。現在の教育現場で行われる進路指導やキャリア教育の始まりである。

　1905年にフランスの心理学者であるビネ（Binet, A., 1857-1911）が開発した知能検査はアメリカでも用いられるようになり，それはソーンダイクらによる教育測定運動につながった。この運動によって教育分野に客観的な心理測定

の技術が導入され，教育の合理化が推進された。そのためにさまざまな心理検査法が開発された。アメリカでは1880年頃に心理学者のホールが児童研究運動を推進しており，その影響もあって心理学者と教育現場とが緊密な連携をとる土壌があった。1915年にはゲゼル（Gesell, A.L., 1880-1961）が，コネチカット州で発達に遅れのある子どもに対する心理検査のテスターとして雇用された。ゲゼルはスクールサイコロジストの称号を最初に使った人だと考えられる。1920年代には，学習が困難な子どもに対して知能検査を実施することが，臨床心理学に携わる者の主要な仕事であった。

教育現場でスクールサイコロジストが活躍する機会が増え続け，1928年にニューヨーク大学で最初のスクールサイコロジスト養成のプログラムが提示された。1945年になると学校心理学がアメリカ心理学会の第16部門として認められた。現在，アメリカではスクールサイコロジストとスクールカウンセラーの2つの資格が存在する。両者の役割は子どもの心理・社会面での支援をするという点では共通するが，前者が学習障害などの学習上の問題や障害のある子どものアセスメントを重視するのに対して，後者は進路相談や学校生活全般におけるガイダンスを主とする傾向がある[4]。

日本では1964年に日本臨床心理学会が設立されたが，1969年に日本臨床心理学会の中で資格問題をめぐって擾乱が生じて，事実上，学会が分裂した。それから約10年間，日本の臨床心理学は低迷することになった。1982年になると日本心理臨床学会が設立され，1988年に臨床心理士の資格が誕生した。臨床心理士の大学院指定制度ができたのは1996年である。1995年に文部省が公立の小・中・高等学校にスクールカウンセラーを派遣する試みとして「スクールカウンセラー活用調査研究委託」事業を開始した。最初は全国で約150校ほどであったが，予算が増額されて1998年には1,500校以上にスクールカウンセラーが派遣されるようになった。2001年にはスクールカウンセラーの制度が本格化して，全国の公立中学校に配置されるようになった。そのために臨床心理士が活躍できる場が大きく広がった。

一方で，臨床心理士は公益財団法人日本臨床心理士資格認定協会が定める民間資格にすぎず，臨床心理学の公的資格が望まれた。臨床心理学の公的資格は，2015年に公認心理師法が公布されることで実現した（施行は2017年）。公認

心理師の誕生に伴って，教育現場における臨床心理学の果たす期待と責任とがますます高まるであろう。

> **演習**
>
> 1908年にドイツの心理学者であるエビングハウス（Ebbinghaus, H., 1850-1909）は「心理学は長い過去をもつが，短い歴史しかもたない」という言葉を遺している。この言葉からわかるように，心理学が科学として独立した学問になる前は，人間の心に関する問題は哲学として思弁的に論じられていた。心理学が哲学から独立したのは，ヴントがドイツのライプツィヒ大学に心理学実験室を設立した1879年であると考えられている。ヴントが登場するまでに，さまざまな哲学者が心の問題を扱ってきた。またヴント以降にはさまざまな心理学者が登場して，心理学のさまざまな分野が誕生した。本書で扱う教育心理学と学校心理学もその一つである。下記に心理学の分野と心理学者の名前を挙げるので，それぞれの歴史を調べてみて，誰がどの分野の心理学にもっとも関連が深いのか，（1）～（10）に対してそれぞれ当てはまるものを（ア）～（コ）の中から選んでみよう。
>
> ＜心理学の分野＞
> （1）学校心理学，（2）教育心理学，（3）産業心理学，（4）児童心理学，（5）学習心理学，（6）精神分析学，（7）性格心理学，（8）発達心理学，（9）カウンセリング，（10）分析心理学
>
> ＜心理学者＞
> （ア）ロジャーズ，（イ）ユング，（ウ）ミュンスターバーグ，（エ）ワトソン，（オ）ウィトマー，（カ）オールポート，（キ）フロイト，（ク）ピアジェ，（ケ）ソーンダイク，（コ）ホール

●引用文献

1）市川伸一：教育心理学は何をするのか―その理念と目的―．日本教育心理学会編集：教育心理学ハンドブック，有斐閣，pp.1-7，2003
2）日本教育心理学会 編集：教育心理学ハンドブック，有斐閣，2003
3）鹿毛雅治：教育心理学と教育実践．鹿毛雅治 編：教育心理学，朝倉書店，pp.1-20，2006
4）石隈利紀：学校心理学－教師・スクールカウンセラー・保護者のチームによる心理教育的援助サービス－，誠信書房，1999
5）伊藤美奈子：がっこうしんりがく 学校心理学．藤永保監修：最新心理学事典，平凡社，p.72，2013
6）吉田甫：教育心理学の歴史1世界の教育心理学の歴史．日本教育心理学会編集：教育心理学ハンドブック，有斐閣，pp.9-19，2003
7）大芦治：心理学史，ナカニシヤ出版，2016

●参考文献

佐藤達哉：教育心理学の歴史2日本の教育心理学の歴史．日本教育心理学会編集：教育心理学ハンドブック，有斐閣，pp.19-27，2003

第2章
発達理論

　教育基本法においては，教育は「人格の完成」を目指して行われるもの（第1条）とされ，また，学校教育は「教育を受ける者の心身の発達に応じて」行われなければならない（第6条）とされている。したがって，教育者や保育者が目的をもって子どもの学びやパーソナリティの形成を促すためには，一般的な発達の様相を知っておく必要がある。人間の発達には一定の法則性があり，何歳頃にどのようなことができるかという一般的な発達の過程がある。一方で，同年齢でも個々の子どもの発達には個人差がみられる。個人差をもたらす要因は遺伝と環境である。本章では，発達をとらえる基本的な考え方について遺伝と環境の視点を中心に示したうえで，認知や社会性の発達に関する代表的な知見や理論を概観し，発達過程や各時期の子どもの発達の特徴について学ぶ。

1　発達とは何か

(1) 発達の定義

　人間の「発達」について，私たちはどのようなイメージをもっているだろうか。誕生から心身ともに成長して有能さが増し，大人になってピークを迎え，その後は加齢とともに下降していくという放物線のような変化を思い浮かべるかもしれない。しかし，発達心理学や発達科学において，時間の経過に伴う人間の変化に関する実証的な研究が進む中で，そのような単純な発達観が実情にそぐわないことがわかってきている。

　バルテスら（Baltes, P.B. et al）[1]は，生涯発達の視点から発達の仕組みにつ

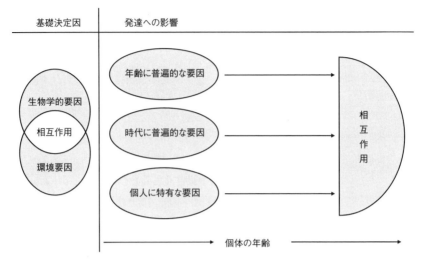

図 2-1　個人の発達に関わる要因
(Baltes et al., 2006, p. 587 より)

いて整理している（図 2-1）。それによれば，発達の基盤には生物学的要因，環境要因，そして両者間の相互作用がある。さらに，個々人の発達は，年齢に普遍的な要因，時代に普遍的な要因，個人に特有な要因の3つが影響し合って起こると考えられている[2]。人間の発達的な変化は，このような多数の要因間の相互作用によって生じる複雑な現象であり，かつその変化は生涯にわたって続く。

　人間の「発達」の定義は，その複雑さゆえに研究者により定義が異なる。しかし，ここでは発達を次のように定義したい。「生命の誕生から死に至るまでの，生活体と環境との相互交渉を通した，心身の機能や構造の分化・統合過程」[3]。この定義は，発達という複雑な現象を簡潔に表しているといえる。

(2) 発達の時期区分

　人間は，発達の途上で時間の経過に伴い質的に変化していく。発達の時期区分としては，4節で述べるエリクソンの乳児期から老年期にいたる8区分が，

表 2-1 人の生涯の発達時期の区分

出生前期（prenatal period）	受精から誕生までの母胎内にいる時期（約10か月）：卵体期, 胎芽期, 胎児期に区分される
新生児期（neonatal period）	生後4週まで
乳児期（infancy）	生後4週～1歳6か月まで
幼児期（young childhood）	1歳6か月～就学まで
児童期（childhood）	小学生の時期
青年期（adolescence）	中学生～20歳代後半
成人期（adulthood）	30歳代～60歳代半ば
老年期（senescence；old age）	65歳以上

注：「思春期（puberty）：小学生後半～中学生」「中年期（middle age）：青年期と老年期の狭間」を設ける場合もある。
(子安, 2011[1], p.14 を改変)

その一つとして挙げられる。ここでは，発達心理学の中で用いられている発達の時期区分を**表 2-1**に示す。受精卵の発生をもって生命の誕生と考えるため，出生前に母胎内にいる時期も発達の時期区分に含まれる。また，生涯発達の観点から，その時期区分には老年期までが含まれている。なお，**表 2-1**の各発達時期にあたる年齢は，法律によって異なる点がある。たとえば，「児童」の定義は，「学校教育法」では小学生だが，「児童福祉法」第4条では「満18歳に満たない者」である。また，発達心理学では，**表 2-1**のとおり「乳児」は1歳6か月まで，「幼児」は1歳6か月以降の子どもを指すが，「児童福祉法」では「乳児」は「満1歳に満たない者」，「幼児」は「満1歳から，小学校就学の始期に達するまでの者」とされている。こうした語の理解や使用においては，その語が用いられる文脈に留意したい。

(3) 発達の規定要因をめぐる論争

(1) で述べたとおり，人間の発達は生物学的要因，環境要因，そして両者間の相互作用によって規定される。生物学的要因とは，具体的には遺伝的要因のことである。また，環境要因とは，外部から個人に影響を与える要因であり，具体的には物質的要因，社会的要因，文化的要因が挙げられる。遺伝的要因と環境要因が人間の発達をどのように規定するかについての考え方にはいくつかの立場があり，それらの間で古くから論争があった。以下ではその代表的な説として，遺伝説，環境説，輻輳説，環境閾値説，相互作用説についてみていく。

a．遺伝説（成熟優位説）

　遺伝説は，人間の発達は遺伝的にもっている性質が年齢に応じて徐々に現れてくるとする考え方であり，遺伝的要因を重視する。代表的な研究者の一人がゴルトン（Galton, F., 1822-1911）である。彼は，音楽のバッハ家や数学者のベルヌーイ家などの家系を調べ（家系研究法），遺伝的なつながりのある一族に才能のある人物が多く輩出されているという結果を踏まえ，遺伝的素質がそうした才能を規定すると主張した。また，ゲゼル（p.12 参照）は，生後 46 週の一卵性双生児ペアを対象に階段登りの訓練を行い，後から訓練を始めた子どもの方が先に始めた子どもより短い訓練期間で，上手に速く階段登りができるという結果を得た。2 人は一卵性双生児のため，両者の違いは遺伝要因によるものではなく，また，一定の訓練を行えばすぐに発達的変化が起こるわけでもないと解釈される。この結果を踏まえて，ゲゼルは訓練の効果（環境要因）は成熟状態（遺伝要因に基づいた神経の成熟）によって制約されると主張した。学習や訓練を可能にする子どもの心身の準備状態をレディネス（readiness）というが，レディネスが整わない時期の学習は効果がなく無意味だというゲゼルの考えは，育児や教育の分野にも影響を与え，レディネス重視の教育観として支持された。

b．環境説

　人間は，いわば何も書き込まれていない白紙の状態（タブラ・ラサ；tabula rasa）で生まれてくるという考え方がある。この考え方に基づき，生後の経験こそが発達を規定するとして環境要因を重視するのが環境説である。代表的な研究者が行動主義心理学者のワトソン（Watson, J.B., 1878-1958）である。彼は乳児における情動の条件づけの研究を行っているが，環境万能主義者であることを示す次の言葉で有名である。

　「私に，健康で，いいからだをした 1 ダースの赤ん坊と，彼らを育てるための私自身の特殊な世界を与えたまえ。そうすれば，私はでたらめにそのうちのひとりをとり，その子を訓練して，私が選んだある専門家—医者，法律家，芸術家，大事業家，そうだ，乞食，泥棒さえも—に，その子の祖先の才能，嗜好，傾向，能力，職業がどうだろうと，きっとしてみせよう」[5]。

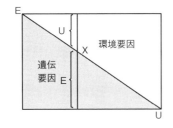

図 2-2　ルクセンブルガーの図式
(藤永, 1973 より)
ある形質が対角線の X にあれば，環境要因が U，遺伝要因が E の割合でその特徴の発現に寄写する。

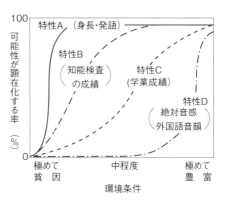

図 2-3　環境閾値説の解説図
(東, 1969 より)

c．輻輳説

人間の発達を規定する要因として，遺伝と環境の両方の要因を重視する説が，シュテルン（Stern, W., 1871-1938）が提唱した輻輳説である。ある特性の発達は遺伝と環境の両要因の効果が加算されてもたらされるとする説である。ルクセンブルガーの図式（**図 2-2**）[6] は輻輳説における遺伝と環境の関係を示しており，遺伝と環境が寄与する割合は特性によって異なるとされることがわかる。人間の発達が遺伝と環境の一方のみに規定されるとは考えにくいことから，輻輳説の主張は妥当にみえる。ただし，遺伝と環境を別々のものととらえ，「遺伝要因20％，環境要因80％」のように両者の加算により発達を説明していることから，複雑な発達現象をとらえきれていないという限界がある。

d．環境閾値説

環境閾値説も発達の規定因として遺伝と環境の両方の要因を重視している。個人がもつ遺伝的な素質が発現するためには，一定の豊かさをもった環境が必要であり，必要な環境の豊かさは特性（たとえば知能，絶対音感など）によって異なるとする。また，その遺伝的素質の発現に必要な最低限の環境条件があり，豊かさが一定の値を超えれば発現するが，その値に達しなければ発現しないとされる。その様相は**図 2-3**[7] に示すとおりである。「閾値」とは，ある事柄が生起するかどうかの境目のことであるが，環境閾値説という名称はこの最低限の環境条件に由来する。これはジェンセン（Jensen, A.R., 1923-2012）が提唱した説である。

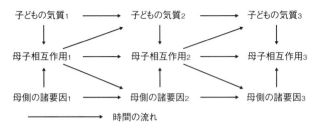

図 2-4　サメロフの相乗的相互作用モデルによる母子相互作用の時間的流れ
(三宅, 1990 より)
「母親の諸要因」の中には母親のパーソナリティ，育児観，健康などが含まれる。

e．相互作用説

　相互作用説とは，遺伝的要因と環境要因がダイナミックに相互作用しながら個人の発達を規定するという考え方である。近年は相互作用説が有力となり，さまざまな理論化が行われており，ジェンセンの環境閾値説も相互作用説の一つと見なされている。ここでは，サメロフとチャンドラー（Sameroff, A.J. & Chandler, M.J.）[8]の相乗的相互作用モデルを取り上げる。図2-4[9]に示すとおり，このモデルは，ある気質をもつ子どもとある特性をもつ母親がやりとり（相互作用）を通して，時間的経過の中で互いに作用し合っている様相を示している。また，後述するピアジェの認知発達理論も，個人と環境とがダイナミックに相互作用しながら認知発達が進んでいくとしており，相互作用説に該当すると考えられる。

❷　認知発達の理論

　前項では，発達を規定する要因として遺伝と環境をめぐる諸説を検討した。以降の節では，認知領域と社会情動領域の発達の主要な知見についてそれぞれ取り上げるが，遺伝と環境の視点はいずれの発達をとらえるうえでも背景となる。
　ここでは認知発達を取り上げて，まずはじめに発達的変化の大きい乳児期，幼児期の子どもの認知能力の特徴について検討し，次に児童期以降も視野に入れた認知発達の一般的な理論について紹介する。

(1) 乳幼児における認知の特徴

a．乳児の認知能力

人間の乳児は身体運動能力の面では無力だが，感覚器官を通して外界からのさまざまな情報を知覚し，環境に適応している。感覚器官には五感（視覚，聴覚，触覚，味覚，嗅覚）があるが，ここでは視覚と聴覚を取り上げ，出生前期も含めてみていく。

①**パターン弁別**　乳児の視力は十分に発達していない。新生児期の子どもの視力は0.02程度であり，生後2～6か月で急速に向上するが，大人と同程度の視力（1.0）になるのは2歳頃である。しかし，生後2日以内の新生児でも視覚的パターンを区別する能力を備えている。ファンツ（Fantz, R.L., 1925-1981)[10]は，乳児を対象に選好注視法という手法を用いた実験を行っている。生後間もない乳児に図2-5に示すさまざまな視覚的パターンの図版を一定時間見せて，その時間内に各パターンを見ていた注視時間率を調べた。その結果，他のパターンよりも顔パターンを最も長く注視することが示された。

②**奥行き知覚**　また，人間は奥行きをもった3次元の空間として外界を知覚する（奥行き知覚）。ギブソンとウォーク（Gibson, E.J. & Walk, R.D.)[11]は，視覚的断崖実験により，乳児にも奥行き知覚が備わっていることを示した。実験では，ハイハイで移動できるようになった6か月以降の乳児を図2-6に示す強化ガラス張りのテーブルの上に乗せ，視覚的断崖がある側から母親が乳児を

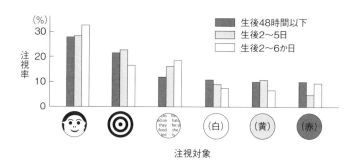

図2-5　刺激パターンに対する注視率
（Fantz, 1961より）

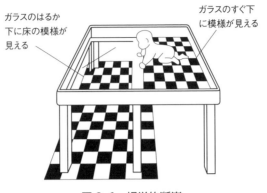

図 2-6 視覚的断崖
(Gibson & Walk, 1960 より)

呼んだときに,乳児が母親の方に移動するかを調べた。その結果,多くの乳児は断崖の手前で立ち止まり,泣くなどの恐れを示した。したがって,少なくともこの時期には奥行きを知覚していると考えられる。また,別の実験では,乳児を視覚的断崖の手前に寝かせたところ,3 か月の乳児で心拍数に変化がみられた。したがって,3 か月には奥行き知覚が可能であることがうかがえる。

③**聴　覚**　聴覚の機能は,胎内にいる頃から発達が進んでいる。胎児は妊娠 20 週を過ぎる頃までに,母体内の音や外界の音を聴くことができるほど聴力が発達する。そのため,母親が妊娠後期に入る頃には,外界の大きな音に反応して胎児が身体を活発に動かすことがある。また,胎児は子宮内で聴いた音を記憶することもできる。デキャスパーら (DeCasper, A.J. et al.)[12]は,母親に妊娠 33 週から毎日 4 週間にわたりある韻律を声に出して読んでもらった。その後,その韻律を胎児に聴かせて胎児の心拍数を計測したところ,心拍数に変化がみられた。しかし,初めての韻律を聴いても変化がみられなかった。この結果から,胎児は聴いてなじみのある韻律を記憶し,そうでない韻律との区別が可能であることが示唆される。また,乳児はどのような音よりも,人の話し声を好み,男性の低い音域の声よりも,女性の高い音域の声により反応する傾向がある。さらに,ゆっくりとした抑揚のある話し方を好むことが知られている。この話し方は母親語(マザリーズ)または育児語(ベビー・トーク)と

呼ばれ，世界のさまざまな言語圏において，母親は子どもにこうした話しかけ方をすることが報告されている。

　以上のように，子どもはすでに胎生期から感覚器官を通して物理的環境を知覚し，周囲の事物を弁別し，とりわけ周囲の人の顔や声に注意を向けている。そして，乳児は外界の事物や人と活発にやりとりする中で，対象についてのさまざまな概念や知識を獲得していく。

b．幼児の認知能力

　幼児は目の前に事物がなくても，それを頭の中でイメージすることができ，またことばで表現することができるようになる。しかし，児童期以降の子どもや大人とは，認識の仕方が異なる。以下では，幼児期の認知の特徴としてピアジェが指摘した代表的なものをみていく。

　①アニミズム，実在論，人工論　ピアジェは，大人とは異なる幼児期に特有のものの見方として，アニミズム，実在論（実念論），人工論を挙げている[13]。アニミズムとは，もとは英国の人類学者タイラー（Tylor, E.B., 1832-1917）が諸民族の霊的存在への信仰の特色を指して用いた語であり，無生物である事物に生命や心があるとする思考である。同様に幼児は，机にぶつかっても「机さん，痛かったね」と机をさするなど，事物を擬人化してとらえる言動をする。次に実在論（実念論）とは，考えたことや夢で見たことは実際に存在するとする思考であり，現実と虚構が混在しているのが特徴である。幼児は，サンタクロースやアニメ作品の主人公が実際にいて，その人物に会うことができると考えることがある。さらに，人工論は，世の中のものはすべて人間が作ったとする思考である。太陽は洗濯物を乾かすために作ったなどと考えることである。

　ピアジェは，上述した幼児期特有の思考の特徴は，自己中心性にあると考えた。自己中心性とは，自分の立場からの見方・考え方・感じ方にとらわれて，他者の視点から物事をとらえることが難しい傾向のことである。しかし，児童期にかけて，自己中心的な世界観は衰退し，複数の視点の存在に気付き，自分の視点だけでなく他者の視点からも対象を認知できるようになっていく。この状態は脱中心化と呼ばれる。しかし，近年の研究から，アニミズムについては，さまざまな知識の乏しい幼児が，自分が比較的豊かにもっている人間に関する知識を積極的に活用して，対象を類推的に理解しようとする適応的な営みとし

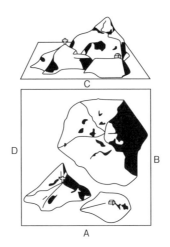

図 2-7 3つの山問題
(Piaget & Inhelder, 1956 より)

て見直されている。

②**空間的自己中心性**　ピアジェ[14)]は「3つの山問題」と呼ばれる課題を用いて子どもの空間理解を調べている。これは，図 2-7 の山の模型を子どもに示し，A の位置に座っている子どもに他の位置（B, C, D）に置いた人形から景色がどのように見えるかを尋ね，複数の山の絵から選択させるというものである。その結果，7 歳より前の幼児は，自分の位置から見える絵を選択する傾向があり，視点が自己に中心化されていた。自分の視点を離れ，位置に応じた視点の変換ができるようになるのは，9 ～ 10 歳頃であった。

(2) 認知発達の諸理論

前項では，乳幼児期における認知の特徴について概観した。ここでは，乳児期から児童期にかけての認知発達を理解するうえで重要な視点として，ピアジェの認知発達段階論，ヴィゴツキーの発達理論，心の理論研究についてみていく。

a．ピアジェの認知発達段階論

認識とは何かという問題については，長らく哲学の中で探究されてきた。ピ

アジェは，生物学や心理学の知見を活かして人の認識の起源を探ろうとし，発生的認識論（genetic epistemology）という理論を確立した。認知的能力は，主体が環境と相互作用する中で漸進的に発達，変化していくという考え方である。その過程をピアジェは次のように説明している。すなわち，人は自分がもっているシェマ（schema）（外界を認識する認知的枠組み）を使って外界に働きかけ，同化（既存のシェマによって外界をとらえようとすること）をしようとする。しかし，既存のシェマでは外界の対象が同化できないときには，調節（既存のシェマを新しい経験に適応させるように変形すること）を行う。このような均衡化（同化と調節を繰り返して均衡する状態を作り出そうとすること）を通して認知がより高度になっていくのである。

ピアジェは，このような過程で進んでいく認知発達には質的に異なる段階があるとして認知発達の4つの時期を区分している。なお，時期の名称の「操作」とは論理操作，すなわち論理的思考様式のことであり，その様式の質的変化を基準に時期区分がされている。以下では各発達段階についてみていく。

①感覚運動期（0～2歳）　　この時期は，「今，目の前にないもの」をことばやイメージで思い浮かべるという機能（象徴機能）が十分でないため，思考以前の段階といえる。そのため，自らの感覚や運動を通して外界に働きかけて，その結果を得ることで周囲の世界を認識・理解しようとする。その繰り返しの中で「手を口にもっていき，指を吸う」「見たものをつかむ」といった感覚と行為のパターン（これがシェマにあたる）が形成されていく。感覚運動期は，さらに6つの下位段階に区分されている。第1段階で感覚と反射行動を通して外界と関わりはじめ，その後第6段階までの過程で，目と手の協応の成立，「手段－目的」関係の成立，「モノの永続性」の成立，延滞模倣などがみられる。第6段階（18～24か月）は移行期にあたり，今，目の前にない対象を思い浮かべるという象徴機能が備わり，徐々にイメージやことばによる表象的な思考の段階へと移行していく。

②前操作期（2～7歳）　　この時期には，イメージやことばによって目の前にない対象を思い浮かべて表象するという，表象的思考が現れる。ただし，先述したとおり，操作とは頭の中で行われる論理的操作のことであるが，この時期の子どもは，まだそのような論理操作はできない。また，前項で触れた自己

中心性もこの時期の特徴である。前操作期はさらに2つの下位段階に区分される。その前半が「象徴的思考（前概念的思考）段階」（2〜4歳）であり，後半が「直観的思考段階」（4〜7歳）である。象徴的思考段階では，象徴機能が発達し，見立てやふり遊びを盛んに行うようになる。しかし，この時期の子どものことばや意味を支えているものは，子どもの限られた経験に依存した未熟な概念（前概念）であり，大人の構造化された概念とは異なる。先述したアニミズム，実在論（実念論），人工論はこの時期の子どもに見られる。次の直観的思考段階では，徐々に世界を概念化して理解するようになる。しかし，対象のもつ目立ちやすい特徴に惹きつけられる傾向が強く（知覚依存性），それに惑わされて誤った判断をしやすい。その特徴がよく表れているのが「保存」課題である。図 2-8 に示した液量の保存課題で，大きさと形が同じ2つのコップに入れた同量の水の一方を，より細長いコップに入れて水の量が同じか違うかを質問すると，水面が高くなった方が水の量が多いと判断することがこの時期の子どもに見られる。見かけが変化しても数，量，長さ，重さなどの物理的特性は変化しない（すなわち保存される）という認識を保存概念という。この時期の子どもには保存概念がなく，見かけが変化すると，それに惑わされて数量も変化したと考えるのである。図 2-8 の数の保存課題でも，一方の間隔を広

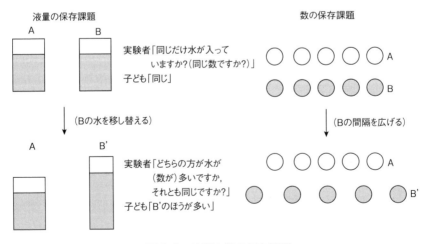

図 2-8　液量と数の保存課題

げると，数が変わったと考えてしまう。

③具体的操作期（7〜12歳）　前操作期までは非論理的な思考や判断をしていた子どもは，具体的操作期に入ると論理的な操作による思考ができるようになる。ここであらためて詳述すると，操作とは，頭の中で論理に従って対象を分類し，結合したり変形したりすることである。これが可能になると，知覚に依存することなく，頭の中で筋道を立ててものごとを体系的に考えることができるようになる。したがって，この時期の子どもは，保存課題で見かけが変化しても，「コップの水は何も足されていないし取り去られてもいないから，量は同じだ」と，理由も含めて明確に答えることができるようになる（保存の成立）。また，「もとに戻したら同じになる」という可逆操作も可能になる。また，この時期には，分類や系列化などの論理的な思考も見られるようになる。ピアジェは，包含課題，推移律課題によりこれらの思考を検討しているが，いずれも幼児には困難な課題である。包含課題は，複数の種類の花々が描かれた絵を見せて，部分集合（チューリップ）と全体集合（花）のどちらが多いかを問うものであるが，具体的操作期の子どもは「花の方が多い」と答えることができる。部分・全体の包摂関係を含めた分類概念が形成されて「部分＝全体－他の部分」という操作が可能となるためである。また，推移律課題は，長さの異なる3本の棒（A，B，C）を，AとB（A＞B），BとC（B＞C）のペアごとに別々に見せてペア内の長さの比較をさせた後で，「それでは，AとCではどちらが長いか」と問うものである。この時期の子どもは「Aの方が長い」と正答することができる。要素を一定の性質にしたがって順序だてることは系列化と呼ばれるが，具体的操作期の子どもはこの操作ができるので，3つの棒の長さの全体系列を作って正しく判断することが可能である。この時期には，前項で触れた3つの山問題にも正答できるようになるなど，脱中心化が進んでいく。自己中心性から脱することができるのは，論理的操作により2つの次元や視点を相補的にとらえられるようになることが背景にあると考えられる。

④形式的操作期（12〜16歳）　具体的操作期においては，具体的に示された材料や課題については論理的に考え，判断することができる。しかし，それは具体的・日常的な事柄に限られており，非現実的な仮定に立って推論したり，抽象的な内容について考えたりすることは困難である。これに対して，形式的

操作期になると，現実の具体的な内容を離れて，抽象的な内容についても論理的に考えることができるようになる。思考の内容と形式を分離して考えることが可能になるになるので，非現実的あるいは事実に反する仮定についても，受け入れて推論することができるようになる。具体的には，「仮にそうだとしたら，どのような予測が成り立つだろうか」として仮説に基づいて結論を導くような仮説演繹的思考が可能になるのである。そのほかに，この時期には「比例概念」が獲得される。たとえば，天秤の両側の重りのつりあいをとる課題において，重りの「重さ」と支点からの「距離」の関係を吟味していく中で，両者が反比例の関係にあることを理解することができる。また，「組み合わせ思考」も可能になる。たとえば，4種類の無色の液体をいくつか混ぜ合わせると色が変化することを示すと，混ぜ合わせる液体の組み合わせを系統的に変えて調べて，色の変化の再現に成功することができる。

　以上で示した形式的操作期の思考は，科学的探究に必要な思考であるといえる。ピアジェがとらえようとしたのは，人類が獲得した論理的科学的思考の起源を，発達の初期にさかのぼり，そこからの発達過程を示すことであったとも指摘される[15]。ただし，その後の研究から，このような形式的，抽象的な思考様式の完成は，ピアジェが想定していた年齢よりも遅いことが示されており，また，大人になってもこうした思考が十分にはできないことも報告されている。

b．ヴィゴツキーの発達理論

　ヴィゴツキー（Vygotsky, L.S., 1896-1934）もピアジェと同様に，人間の認識をその発生にさかのぼって探究するという観点から子どもの発達を研究した。子どもは活動を通して知識を構成すると考えた点でピアジェと共通している。しかし，ヴィゴツキーは，活動における子どもと他者の関わり（社会的相互作用）の果たす役割を重視した点でピアジェと異なる。ここでの他者とは，子どもよりも有能な者（先生，養育者，年長の子ども，同級生など）を指す。ヴィゴツキーは，認知発達とは文化の獲得（文化的，歴史的に培われてきた社会の様式の獲得）であり，それらは文化の体現者である大人（子どもより有能な者）との協同という社会的な営みを通して内面化されると考えた。その過程は，ヴィゴツキーが提唱した発達の最近接領域（zone of proximal development；ZPD，最近接発達領域と呼ぶこともある）という概念によって説明することができる。

以下では，発達の最近接領域についてみていく。

子どもには，発達のある時点で課題を独力で解決できる水準と，大人（子どもよりも有能な者）からのヒントなどの援助があれば解決できる水準とがある。この2つの水準の間の範囲は，発達の最近接領域と呼ばれる。発達の最近接領域は，その子どもにとって，いわば潜在的に発達しつつある領域といえる。ヴィゴツキーは，最初は大人が教育などの援助によりその領域に働きかけて子どもの発達を促し，やがて独力で課題を解決できるようになれば，それに伴いまた新たな発達の最近接領域が生まれることで発達が進んでいくと考えた。その後，大人が発達の最近接領域に働きかける際の具体的な援助のことを，ブルーナー（Bruner, J.S.）[16]は「足場づくり（足場かけ；scaffolding）」と呼んで重視している。「足場づくり」とは，最初は大人が足場を設けて子どもを援助するが，子どもの能力の向上とともに次第に足場を外し，子どもの自立した行動を形成していく過程のことである。子どもの発達を促すためには，その状態に応じて援助のあり方を調整していくことが大切である。また，発達の最近接領域は，個々の子どもによって異なる。教育の役割は，一人ひとりの子どもの発達の最近接領域を見極め，それぞれの現在の水準よりも少し上の学習を支える足場づくりをすることである。先に述べたように，ヴィゴツキーは活動における他者との関わりを重視している。足場づくりにおいては，教師だけではなく，養育者や有能な仲間たちとの協同をどのように活かすかを探ることも大切である。

c．心の理論

人間の知性には一般性と領域固有性があると考えられる。すなわち，さまざまな領域の知識や概念を統合的に操作することのできる一般的な知性がある一方，内容や領域ごとに独立した働きをする領域固有の知性もある。ピアジェの理論は，領域一般の思考様式の発達的変化をとらえているといえる。しかし，子どもは自分の興味や関心のあることについては大人以上の能力を示すことがある。子どもの領域固有の有能さを示す知見が報告される中で，1990年代から，認知はいくつかの領域に分かれており，領域ごとに発達するという領域固有性の視点から研究が行われるようになった。ここでは，心についての理解の発達を「心の理論（theory of mind）」の発達として検討している研究についてみていく。

心の理論とは，心的状態（信念，願望，意図，情動）と関連づけて人の行動を説明したり予測したりする認知的枠組みのことである。たとえば，登校時に仲の良い友人に「おはよう」と挨拶をしたのに友人が素っ気なかったのは，前日に自分とけんかをしてまだ怒っているからだろうなどと推測できるのは，私たちに心の理論があるからである。「心」は目には見えないものだが，乳幼児は他者が心をもった存在であることに気付くようになる。しかし，心についての子どもの理解は大人に比べて未熟である。心の理論に関する研究は，心についての理解がどのように発達するのかを解明しようとしている。

　心についての理解ができる時期は，心のどのような面であるかにより異なる。人が「意図」をもち，その意図に基づいて行動することは2歳頃の幼児でも理解している。しかし，人の「信念」についての理解は幼児には難しいことが知られている。「信念（belief）」とは，人の心の中にあるもの（人が心の中で認知している対象のありようのこと）を指す。たとえば，教科書を講義室の机の上に置き忘れてしまったことに気付いた人であれば，「教科書は講義室の机の上にある」というのがその人の信念に当たる。その教科書を，すでに誰かが落し物として事務局に預けていたとすれば，先の信念は現実とは異なる。したがって，人の信念は，現実に対応している場合とそうでない場合とがある。現実に対応していない信念のことを「誤信念（false belief）」と呼ぶ。人が誤信念をもつことを理解できるなら，「心は現実を表象するものだが，心は現実そのものではない」という，心の表象的な性質を理解できていることになる。

　ウィマーとパーナー（Wimmer, H. & Perner, J.）は，この観点から誤信念課題（false belief task）を考案し，幼児や児童を対象に実験を行った[17]。この課題は，図2-9に示すように，主人公（マクシ）がチョコレートをしまった置き場所（青色の戸棚）が彼の留守中に変えられてしまった（緑色の戸棚）後で，マクシが帰宅するという物語を聞かせ，帰宅したマクシの信念を尋ねるというものである。移動について知らないマクシはチョコレートがもとの青色の戸棚にあるという誤信念をもっていることになる。課題ではこの誤信念が理解できるかが検討された。その結果，3歳ではほとんど正答できないが，4歳から7歳にかけて正答が上昇していた。その後，いくつかのタイプの誤信念課題（上記の「マクシ課題」に加えて「サリー・アン課題」「スマーティ課題」）を用い

物語を聞かせる

> マクシはチョコレートを青い戸棚にしまいました。あとで家に帰ったらチョコレートを食べようと思って,置き場所をしっかり覚えて遊びに出かけました。そのあと,マクシのお母さんは,ケーキ作りのために,チョコレートを青い食器棚から取り出して少しだけ使いました。そして,青色の戸棚ではなく緑色の戸棚にチョコレートをしまいました。やがて,お母さんが買い物に出かけて留守の間にマクシが遊びから戻ってきて,お腹が空いていたのでチョコレートを食べたいと思いました。

子どもに質問する

> 「マクシはチョコレートを取ろうとして,どこを探すでしょうか?」

図 2-9　誤信念課題（マクシ課題）
（Wimmer & Perner, 1983 より）

た研究でも,同様に4歳以降で誤信念課題に正答するようになることが報告されている。3歳児は,チョコレートの現在の置き場所（青色の戸棚）を自分が知っていると,主人公も同じことを知っていると思うようである。これは,自分の信念と他者（マクシ）の信念とを区別していないことを意味する。したがって,誤信念課題の実験結果は,4～7歳にかけて自他の信念を区別してとらえることができるようになることを示している。

ピアジェは幼児期の特徴として自己中心性を挙げている。しかし,心の理論については,幼児期の後半には,誤信念を理解できるほどに他者の心の状態を推測する力が発達しているのである。

その後,誤信念課題を用いた心の理論の研究から,自閉症の子どもの特性も明らかになってきた。バロン=コーエンら（Baron-Cohen, S. et al.,）[18]は自閉症の子どもを対象に誤信念課題（サリー・アン課題）を実施している。その結果,自閉症の子どもは,知的な水準が4,5歳以上であっても,同じくらいの知的水準の定型発達の子どもに比べて正答が極めて少ないことがわかった。このことから自閉症の子どもは「心の理論」に障害があるという考え方が提起され[19],それ以降,自閉症と心の理論との関連についての多くの研究が行われている。ただし,自閉症の多様な症状については,心の理論の障害だけで説明することはできないことに留意する必要がある。

心の理論の発達は,これまで主に誤信念課題を用いて検討されてきた。誤信念課題に正答できるのは,他者の頭の中にあることをイメージするというメタ表象の能力を獲得したことを意味する。しかし,正答できる要因には諸説あり,

他にもワーキングメモリー,抑制機能などの発達が指摘されている。心についての理解は,子どものさまざまな心の働きの発達が支えているといえるだろう。

❸ アタッチメント（愛着）理論

　乳児は生後6〜8か月頃になると,見知らぬ人が近づくと不安を感じて顔を背けたり泣いたりするという人見知りを示す。こうして泣いている乳児をなだめることは他の人には難しいが,養育者が抱いてあやすとすんなりと泣きやむ。それは,乳児が養育者との間に他の人とは異なる特別な感情を抱いているからである。このような,特定の他者との間に形成される親密な情緒的結びつきのことを英国の児童精神科医ボウルビィ（Bowlby, J., 1907-1990）はアタッチメント（愛着；attachment）と呼んだ。アタッチメントには,特定の対象と一緒にいることで安心感がもたらされ,心のエネルギーが充足されるような働きがある。幼少期に母親などの養育者との間に安定したアタッチメント関係を築くと,それをもとにして他者とも安定した人間関係をもつことができると考えられており,アタッチメントは対人関係の基礎となる点で重要である。以下では,ボウルビィのアタッチメント理論についてみていく。

(1) アタッチメントとは何か

a. 親子の結びつきの基盤に関する議論

　親と子の間の情愛的な結びつきはどのように形成されるのだろうか。かつては,無力な乳児が親から飢えや渇きといった生理的欲求を満たしてもらうことにより,親への情愛が二次的に形成されるという二次的動因説が有力であった。しかし,比較行動学の知見からこの説が疑問視されるようになった。たとえば,大型水禽類のひな鳥には,孵化後に最初に目にした特定の対象への後追いを（親鳥とみなすかのように）その後一貫して続ける現象（刷り込み,インプリンティング）がみられる。また,ハーローら（Harlow, H.F. & Mears, C.）は,アカゲザルの子を対象とした代理母親の実験[20]において,哺乳機能のある針金製の代理母親と哺乳機能をもたない布製の代理母親とを設置した部屋で子ザルを観察した。その結果,子ザルはミルクを飲むときに針金製の母親と接触する以外

は，一日の大半を布製の母親と接触して過ごし，また恐怖を感じる場面では布製の母親にしがみついていた。布製の母親を安全基地，すなわち安心のよりどころとしていたことがうかがえる。これらの知見は，動物が特定の対象との接近を維持しようとするメカニズムを生得的に備えていること，また，栄養摂取とは別に，感触の良さによる慰めや安心感（スキンシップ）を与えてくれる存在との接触の維持を求める傾向を備えており，それが相手との関係をつくる基礎となることを示唆している。

b．ホスピタリズム研究からの展開

第二次世界大戦後，多数の孤児が劣悪な施設で養育され，そこでの高い死亡率や発達の遅れなどの問題がホスピタリズム（施設病）として注目された。世界保健機関（WHO）から研究を依頼されたボウルビィは，戦災孤児に関する体系的調査を行い，乳幼児期に母親など特定の養育者との間に親密で継続的な関係が欠けている子どもは身体や知能・言語の遅れが生じるとする報告書を提出した[21]。この指摘は，子どもの健全な発達には栄養や良好な衛生状態だけでなく，特定の養育者との情緒的な関わりが必要であることを意味する。その後，ボウルビィは，これらの研究成果に基づいてアタッチメントの理論を構築した。

c．アタッチメントの理論

養育者などの特定の他者との間に形成されるアタッチメントには，人が危機的状況に出合ったり，恐れや不安を強く感じたときに，特定の他者とくっついていることを通して，自分は安全だという感覚を得ようとする性質がある。養育者との間で安定したアタッチメントが形成されると，養育者は子どもにとって安全のよりどころとなる。そうした安全基地（secure base）があるからこそ，子どもは外の世界への探索行動ができるのだと考えられている。

ボウルビィは，アタッチメントは乳児期だけでなく生涯持続するものだと強調した。ただし，子どもの成長とともに，アタッチメントは特定の対象と物理的にくっついていようとする行動レベルから，実際の身体的接触や物理的接近に頼らなくても，頭の中にある特定の対象のイメージをよりどころに自分自身を安定させる表象レベルへと変化すると考えた。また，乳幼児期に子どもが苦痛や恐怖で泣いているときに，親がやさしく抱き上げ声をかけてくれるなどして子の緊張や不安が和らぎ，安全だという感覚を得る経験を積み重ね，安定し

たアタッチメントが築かれると,「他者は信頼できる存在だ」「自分は他者から愛され,尊重される存在だ」という他者や自己についての内的作業モデル(internal working model;IWM)が内在化されるとボウルビィは仮定している。このような内的作業モデルを形成した子どもは,やがて友人関係や異性関係においても,その内的作業モデルをもとに適応的な関係を築くことができると考えられている。したがって,アタッチメントは子どもの適応的な発達の基盤となるのである。以下では,アタッチメントの発達,個人差,および個人差をもたらす要因について具体的にみていく。

(2) アタッチメントの発達

a．アタッチメント行動

ボウルビィは,比較行動学の視点から,ある種の生得的な行動により子どもが養育者に積極的に働きかけることを通して,養育者との間にアタッチメントが形成されるとした。それはアタッチメント行動と呼ばれ,定位行動,信号行動,接近行動の3つに分類される。定位行動とは,養育者を目で追ったり耳でとらえたりして所在を知ること,信号行動とは,泣く,微笑む,発声,身振りなどにより,養育者を子どもの方に近づけること,接近行動とは,吸う,しがみつく,後を追うなどにより,子どもから養育者に近づくことである。たとえば,子どもが泣けば,養育者は子どもに近づいて声をかけたり抱き上げて揺らしたりし,そのような養育者の行動を通して子どもは落ち着いていく。こうしたやりとりを重ねながらアタッチメントが形成されるのである。

b．アタッチメント行動の発達過程

ボウルビィはまた,乳幼児期のアタッチメントの発達過程を4段階に分けて示している(表2-2)[22]。顔の識別能力の発達に伴いアタッチメント行動を向ける対象が限定されるようになり,運動能力の発達に伴いアタッチメント行動の種類も多様になってくる。また,特定の他者との間にアタッチメントが形成されると,その養育者と離れるのを怖がる分離不安や人見知りを示すようになる。さらに,頭の中でイメージする表象能力を獲得すると,アタッチメントの対象が子どものそばにいないときでも,対象の内的なイメージをよりどころに安心できるようになる。

表 2-2 アタッチメントの発達段階

段 階	内　　容
第1段階	人物弁別をともなわない定位と発信（誕生～3か月頃） 乳児にはある人を他の人と弁別する能力はまだ存在せず，存在したとしても聴覚刺激だけによって弁別するなどきわめて制限されている。そのため周囲の人を定位し発信行動（つかむ，手を伸ばす，微笑する，喃語を言う，など）を行う。
第2段階	一人（または数人）の弁別された人物に対する定位と発信（3～6か月頃） 3か月以降に聴覚的，視覚的な弁別が明確となり，第1段階と同様に人に接するが，他人に対してよりも母性的人物に対してより顕著に行うようになる。
第3段階	発信ならびに動作の手段による弁別された人物への接近の維持（6, 7か月～2歳頃） ますます人を区別して，さまざまな方法で接近するようになる（外出する母親を追う，帰宅した母親を迎える，探索活動のよりどころとして母親を利用する，など）。見知らぬ人たちはますます警戒される。
第4段階	目標修正的協調性の形成（3歳頃～） 母性的人物が時間的，空間的に永続し，多少予測できる動きを示す対象として考えられるようになる。母親の感情や動機を洞察し得るようになり，協調的な関係の基礎が形成される。

（ボウルビィ，1991 をもとに作成）

(3) アタッチメントの個人差とその要因

a．アタッチメントの個人差

　子どもは1歳前後には養育者に対してアタッチメントを形成するが，そこには個人差があることが知られている。エインズワース（Ainsworth, M.D.S., 1913-1999）ら[23]は，乳児期のアタッチメントの個人差を測定する方法としてストレンジシチュエーション法（strange situation procedure：SSP）を開発した。これは，**表 2-3** に示すように，子どもが初めて訪れた場所で，養育者との分離や，見知らぬ人との対面などのストレスを体験したときの様子を組織的に観察する方法である。その際の親との分離，再会場面での子どもの行動によって，アタッチメントは**表 2-4** に示すようなA～Cの3タイプ（のちにDを加えた4タイプ）に分類された[24]。

b．アタッチメントの個人差の背景

　アタッチメントの個人差はなぜ生じるのだろうか。エインズワースは母親が

表 2-3　ストレンジシチュエーション法の 8 場面

場　面	エピソードの内容	時　間
1	母親は子どもを抱いてプレイルーム（実験室）に入室し，子どもを床におろす。実験者は退室。	30 秒
2	母親はいすに座って本を読んでいる。子どもが要求したことには応じる。	3 分
3	ストレンジャー（子どもとは初対面の人物）が入室。1 分間は黙っている。次に母親と話し，2 分経過後，子どもに近づき玩具で遊びに誘う。	3 分
4	母親は退室。ストレンジャーは子どもが遊んでいたら見守る。（1 回目の母子分離）	3 分
5	母親が入室し，ストレンジャーは退室。（1 回目の母子再会）	3 分
6	母親も退室して，子どもは一人残される。（2 回目の母子分離）	3 分
7	ストレンジャーが入室。子どもが遊べば見守り，混乱していたら慰める。	3 分
8	母親が入室し，ストレンジャーは退室。（2 回目の母子再会）	3 分

家庭で子どもと関わる様子を観察し，乳児のアタッチメントのタイプによって，**表 2-4** のような特徴的な母親の関わりがみられることを明らかにした。SSP における乳児の特徴と養育者の関わりの特徴との間には，**表 2-4** の右欄のような関連があるものと推測される。つまり，乳児は養育者との近接による安心感を得るために，養育者の性質に応じて自分のアタッチメント行動を調整し，そうした相互作用の結果が 1 歳前後には明確な個人差として表れるものと考えられる。エインズワースは，養育者の感受性（sensitivity）が乳児のアタッチメントの安定性に影響を与えると考えた。感受性とは，乳児の信号に敏感に気付いて正確に解釈し，適切かつ迅速に応答することである。その後多くの研究からこの仮説を支持する結果が得られているが，唯一の要因とはいえないことが明らかにされている[25]。

　アタッチメントの個人差には，養育者の関わりだけでなく，子どもの気質も影響することが指摘されている。つまり，子どもの生得的な気質がアタッチメントの個人差に反映されているという主張であるが，これを支持する一貫した結果は得られていない。現在では，養育者の関わりと気質の両方がアタッチメントの質に影響を及ぼすという見解が主流であるが，そのメカニズムについては今後の解明がまたれる。

表 2-4 アタッチメントのタイプと各タイプにおける養育者の関わり

SSP における子どもの行動特徴	養育者の関わり方の特徴	アタッチメントの個人差を生み出す背景
A タイプ（回避型）		
・分離時に泣きや混乱をほとんど示さない。 ・再会時に養育者を避けようとするような行動を示す。 ・養育者の在・不在に影響されず、養育者を安全基地として用いている様子が認められにくい。	・子どもの働きかけに拒否的にふるまうことが多く、特にアタッチメント欲求を出したときにその傾向が強い。 ・子どもとの対面時の微笑・身体接触が少ない。 ・子どもの行動を強く統制しようとする働きかけが多い。	子どもが泣いたり接近したりするほど、養育者がそれを嫌がりますます離れていく傾向がある。その結果、アタッチメント行動を最小限に抑えることで、逆に養育者との距離を一定範囲内にとどめるようになったと考えられる。
B タイプ（安定型）		
・分離時に多少の泣きや混乱を示し、探索行動が抑制される。 ・再会時に積極的に身体接触を求め、すぐに落ち着き、遊びが再開される。 ・養育者を安全基地として、積極的に探索活動を行う。	・子どもの欲求や状態の変化に敏感。 ・子どもの行動を過剰・無理に統制することは少ない。 ・子どもとの相互交渉が調和的で円滑。遊びや身体接触を楽しんでいる。	子どもの信号や欲求に対する養育者の感受性・情緒的応答性が高く、一貫していて予測しやすいので、子どもが養育者に強い信頼感をもつ。その結果、一時的に分離して不安でも再会時には容易に安心し、再び探索行動をとれると考えられる。
C タイプ（アンビバレント型）		
・分離時に強い不安・混乱を示す。 ・再会時に身体接触を求める一方、養育者をたたく・押しやるなどの怒りの行動を示す。 ・養育者に執拗にくっついていようとし、養育者を安全基地として安心して探索活動をすることがあまりない。	・子どもの信号に対する敏感さが低く、子どもの状態を適切に調整することが不得手である。 ・子どもとの間で肯定的なやりとりをすることもあるが、子どもの欲求に応じるよりも、養育者の気分や都合に合わせて行うことが多い。 ・子どもが同じことをしても、応答がずれたり、反応に一貫性がないことが多い。	子どもの信号や欲求に時々応じてくれるが、一貫性がなく予測しにくい。その結果、いつ離れて行くかわからない養育者の所在や動きに過剰に用心深くなり、子どもの方から最大限に信号を発信し続けることで、養育者の関心を自分に引きつけようとすると考えられる。
D タイプ（無秩序・無方向型）		
・接近と回避という本来両立しない行動が混在し（顔を背けながら養育者に近づくなど）、行動の読み取りが困難。 ・うつろな表情を浮かべてじっと固まって動かないこともある。 ・時折、養育者の存在におびえるそぶりを示す。 ・被虐待児や、抑うつなどの感情障害をもつ養育者の子どもに非常に多い。	・精神的に不安定なところがあり、突発的に表情・声・言動一般に変調をきたし、パニックに陥ることがある。 ・時に不適切な養育をすることがある	養育者が過去に何らかのトラウマをもつことが多く、日常生活で突発的にその記憶がよみがえっておびえ混乱し、子どもを強くおびえさせる。危機が生じたときに本来逃げ込むべき安全基地である養育者が子どもに危機や恐怖を与えるので、子どもは養育者に近づくことも遠のくこともできず、自分の不安を制御できないまま、茫然としているものと考えられる。

（遠藤・田中, 2005 を改変）

(4) 早期のアタッチメントがその後の発達に与える影響：
漸成説とソーシャル・ネットワーク理論

　ボウルビィは，発達早期の養育者とのアタッチメントが土台となり，その後の社会人格的発達に影響を与えると考えた（漸成説と呼ばれる）。乳児期のアタッチメントは，その後の対人関係やパーソナリティの形成にどのような影響を及ぼすのだろうか。早期のアタッチメントの影響を検討した諸研究を概観した坂上[25]によれば，乳児期に母親へのアタッチメントが安定していた子どもは，幼児期・児童期に肯定的な情動表出が多く，社会的コンピテンスが良好で仲間からの人気が高いという，社会的行動への影響が認められるという。また，幼稚園では対人場面で柔軟に対応でき，共感的な行動が多く，さらに，10歳時点では自己評価が高く，より親密な友人関係を築いているという，パーソナリティへの影響も認められるという。以上の結果は，ボウルビィの漸成説を支持しているといえる。

　これに対して，乳児は養育者だけでなく，きょうだい，祖父母，保育者，教師，仲間，地域の人などとの関係をもつことができ，子どもはそれぞれの社会的ネットワークの中で，同時並行的に複数の重要な対象との人間関係を形成しているという考え方がある。これはソーシャル・ネットワーク理論と呼ばれる[26]。早期のアタッチメントと社会人格的発達との関連を検討したところ，幼稚園への入園時と4歳時点での仲間との社会的コンピテンスが，早期の養育者とのアタッチメントではなく，教師とのアタッチメントと関連していたという研究報告がある[27]。発達早期における養育者とのアタッチメントの役割は確かに重要だが，保育所・幼稚園や学校などにおいて，子どもが安心感のもてる人間関係を築くことの大切さを物語っている。

4 エリクソンの発達理論

　人間は，その誕生から死に至るまでの道のりを生涯をかけて発達する存在である。発達の基礎には生物的な成熟の過程があるが，それとともに，その時々の年齢に応じた社会・文化からの要求に適応していく過程がある。また，発達の途上で適応できずにつまずき，停滞することもあるだろう。アメリカの精神分析家であるエリクソン（Erikson, E.H., 1902-1994）は，生涯発達を重視し，人間の心理・社会的な発達の様相について，発達の前向きな方向性とともに退行的・病理的方向性も含めて理論化した。

　彼は，図2-10[28]に示すように，人間の生涯発達を8つの段階に分類し，それぞれの段階に特有の心理・社会的危機（psychosocial crisis）が存在するとした。図2-10の対角線の部分（2つの対立項）は各々の発達段階の「危機」を表し，そこでは，成長・健康に向けてのプラスの力と，退行・病理に向かうマイナスの力が拮抗しているととらえた。つまり，危機とは成長と退行の岐路を意味する。そして，プラスの力がマイナスの力を上回れば，健康度の高い方向に発達し，その結果，自我の強さである「人格的活力」が獲得されるとした（図2-10の対角線の部分のあみ掛け部分）。たとえば，乳児期であれば，乳児は自分の欲求がいつでもすぐに満たされるわけではないので，一方では周囲の人に「不信」を抱いている。しかし，他方では養育者との心地よい関わりを重ねる中で「周囲の人を信じてもいいのだ」という「信頼」も抱いている。「信頼」の方が「不信」を上回れば，「希望」という人格的活力が備わるのである。心に希望を抱くことができれば，その後の人生で困難に出合っても前向きに対処することができると考えられる。

　エリクソンはまた，「危機」はその発達段階で終わるものとはとらえておらず，生涯にわたって存続するとみなしている。たとえば，乳児期に「信頼」をめぐる危機を乗り越えても，その後の園生活や学校生活でのいじめや対人的トラブルの中で「不信」に傾き，抑うつや引きこもりが生じることもある。教育者は，目の前の子どもがそれぞれの段階の危機をどのように経てきたのか，そして現在はどのような危機に向き合っているのかという視点をもっておきたい。

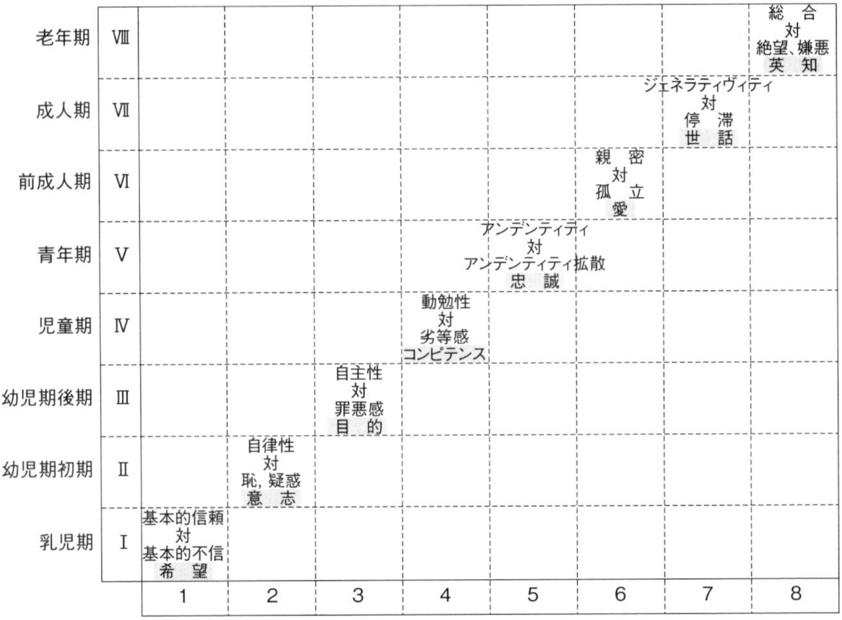

発達段階								
老年期	Ⅷ							統合 対 絶望、嫌悪 英知
成人期	Ⅶ						ジェネラティヴィティ 対 停滞 世話	
前成人期	Ⅵ					親密 対 孤立 愛		
青年期	Ⅴ				アイデンティティ 対 アイデンティティ拡散 忠誠			
児童期	Ⅳ			勤勉性 対 劣等感 コンピテンス				
幼児期後期	Ⅲ			自主性 対 罪悪感 目的				
幼児期初期	Ⅱ		自律性 対 恥, 疑惑 意志					
乳児期	Ⅰ	基本的信頼 対 基本的不信 希望						
		1	2	3	4	5	6	7	8

(注) エリクソンの原著訳では,「幼児期後期」は「遊戯期」,「児童期」は「学童期」とされている。本書では現在の一般的な発達区分の用語で表記した。

図 2-10 エリクソンの発達図式
(Erickson, E. H. & Erickson, J. M.,1997 より)

演 習

自分がこれまでに何かを学んだとき, その学びの過程で, 親や先生, コーチなどは, どのような助言や援助をしてくれただろうか。それらの経験を1つ選び, ヴィゴツキーの「発達の最近接領域」またはブルーナーの「足場づくり」の観点から考察してみよう。

●引用文献

1) Baltes, P.B., Lindenberger, U., Staudinger, U.M.：Life span theory in developmental psychology. In Lerner, R.M.（Ed.）, Handbook of child psychology, 6th ed. Vol. 1. Wiley. 569-664, 2006
2) 高橋惠子：発達とは．高橋惠子・湯川良三・安藤寿康・秋山弘子 編：発達科学入門［1］理論と方法，東京大学出版会，3-19, 2012
3) 小泉令三：発達．山本多喜司 監修：発達心理学用語辞典，北大路書房，1991
4) 子安増生：発達心理学とは．無藤隆・子安増生 編：発達心理学Ⅰ，東京大学出版会，2011
5) Watson, J. B.：Behaviorism.（revised ed.）New York：Norton, 1930（安田一郎 訳：行動主義の心理学，河出書房新社，1980）
6) 藤永保：発達の原理．藤永保 編：児童心理学，有斐閣,1973
7) 東　洋：知的行動とその発達．岡本夏木・古沢頼雄・高野清純・波多野誼余夫・藤永保 編：児童心理学講座4　認識と思考，金子書房，1969
8) Sameroff, A.J., Chandler, M.J：Reproductive risk and the continuum of caretaking causality. In Horowitz, F.D. et al.（Ed.）, Review of child development research, Vol. 4. Chicago：University of Chicago Press, 1975
9) 三宅和夫：子どもの個性－生後2年間を中心に，東京大学出版会，1990
10) Fantz, R.L.：The origins of form perception. Scientific American, 204, 66-72, 1961
11) Gibson, E.J., Walk, R.D.：The"Visual Cliff". Scientific American, 202, 2-9, 1960
12) DeCasper, A. J., Lecanuet, J.P., Busnel, M.C., Granier-Deferre, C., Maugeais, R.：Fetal reactions to recurrent maternal speech. Infant Behavior and Development, 17, 159-164, 1994
13) Piaget, J.：The children's conception of physical causality. Littlefield, Adams, 1960
14) Piaget, J., Inhelder, B.：The children's conception of space. Routledge and Kegan Paul, 1956
15) 荻野美佐子：知的機能の発達的変化．海保博之・楠見孝 監修：心理学総合事典，朝倉書店，pp.284-302, 2006
16) Bruner, J.S.：Child's talk-Learning to use language. London：Oxford University Press, 1983（寺田晃・本郷一夫 訳：乳幼児の話ことば—コミュニケーションの学習，新曜社，1988）
17) Wimmer, H., Perner, J.：Beliefs about beliefs：Representation and constraining function of wrong beliefs in young children's understanding deception. Cognition, 13, 103-128, 1983

18) Baron-Cohen, S., Leslie, A., Frith, U.：Does the autistic child have a 'theory of mind'? Cognition, 21, 37-46, 1985
19) Baron-Cohen, S.：Mindblindness：An essay on autism and theory of mind. MIT Press, 1995（長野敬・長畑正道・今野義孝 訳：自閉症とマインド・ブラインドネス，青土社，1997）
20) Harlow,H.F., Mears,C.：The human model：Primate perspective. Washington, D.C.：Winston & Sons, 1979（梶田正巳 他訳：ヒューマン・モデル—サルの学習と愛情，黎明書房，pp. 146-147, 1985）
21) Bowlby, J.：Maternal care and mental health. World Health Organization Monograph（Serial No. 2），1951
22) ボウルビィ，J., 黒田実郎・大羽蓁・岡田洋子・黒田聖一 訳：新版 母子関係の理論Ⅰ 愛着行動，岩崎学術出版社，1991
23) Ainsworth, M.D.S., Blehar, M.C., Waters, E., Walls, S.：Patterns of attachment. Hillsdale, NJ：Lawrence Erbaum, 1978
24) 遠藤利彦・田中亜希子：アタッチメントの個人差とそれを規定する諸要因．数井みゆき・遠藤利彦 編：アタッチメント生涯にわたる絆，ミネルヴァ書房，pp.49-79, 2005
25) 坂上裕子：関係性とアタッチメント（愛着）の発達．海保博之・楠見孝 監修：心理学総合事典，朝倉書店，pp. 379-387, 2006
26) ルイス，M.・高橋惠子 編著：愛着からソーシャル・ネットワークへ—発達心理学の新展開，新曜社，2007
27) Howes, C., Matheson, C.C., Hamilton, C.E.：Maternal, teacher and child care history correlates of children's relationships with peers. Child Development, 65, 264-273, 1994
28) Erikson, E.H., Erickson, J.M.：The life cycle completed. Extended version. New York：Norton, 1997（村瀬孝雄・近藤邦夫 訳：ライフサイクル，その完結＜増補版＞，みすず書房，2001）

第3章
児童・生徒の発達的理解と脳科学
—思春期の発達心理学—

　心理学を学ぶうえで，脳科学も知る必要性が大きくなっている。なぜなら，ヒトの心のありかが脳であるとすれば，心の発達を考えるうえで脳の発達について学ぶことは重要だからだ。近年までその重要性が理解されなかったことは，1960年代に活躍した発達心理学者ピアジェとその弟子とのやりとりからもわかる。ピアジェの弟子にあたるファインバーグは，ピアジェの部屋で会話をしているとき，「認知発達は脳の生理学的変化によって起こるのではないか」とピアジェに話したという。しかしピアジェは，ファインバーグが何も言わなかったかのように，もとの会話を続けたという[1]。

　本章では，発達心理学に関係する脳の発達について概説する。まず，本章を読み進めるうえで必要な脳の構造について説明し，その後，乳児期，児童期，思春期の脳の発達について紹介する。

1　脳の構造

　ヒトの脳は，神経細胞の集合体である。約140億個の神経細胞が集まり，一つ一つの神経細胞が同時に，あるいは時間的に連続して活動することによって，見たものや聞いたもの，あるいは頭で考えたことなどが，意味をもった情報として処理されていく。

　本節では脳の構造として，ヒトらしい心の機能の大部分を担う大脳皮質，大脳皮質の中で情報を伝達し合う箇所であるシナプス，そして大脳皮質の二層構造について説明する。

(1) 大脳皮質

おそらく誰もが、脳といえば表面にしわのある楕円形を思い出すだろう。脳のしわはヒトによって少しずつ異なるが、いくつかの深いしわ、中心溝、外側溝、頭頂後頭溝などは、個人差なくヒトに共通してみられる。これらのしわを目印にして、脳は大きく4つの領域に分けることができる。

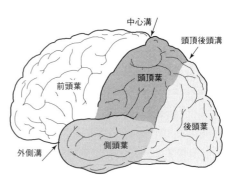

図3-1 脳の構造

a．前頭葉

前頭葉が担う心の働きは、さまざまである。意思によって行動をコントロールする、未来の行動の計画を立てる、行動の動機づけ、物事の価値判断など、脳の中でも最もヒトらしさに関わる部位と考えられている。

児童期から思春期にかけての脳の発達を考えるとき、前頭葉の発達が特に注目されている。前頭葉にある報酬系と呼ばれるいくつかの領域は、物事や出来事が自分にとって報酬か罰かを考える際に活動する。報酬系が活動するとき、対象を報酬だと強く感じる、つまり、対象を求める衝動が高まっている状態になる。一方で、前頭葉には衝動を抑え自律的に行動するための実行機能もあると考えられている。したがって、報酬への衝動を感じるアクセルのような報酬系と、その行動が適切かを考え、必要なときには我慢をするというブレーキのような実行機能のバランスを理解することが重要である。

b．頭頂葉

頭のてっぺんから後ろにかけて広がる頭頂葉には、皮膚や筋肉など体の各部位からの信号を受け取る感覚野、手や腕の運動をコントロールする運動野がある。また、空間の奥行を計算するなどの働きを担っている。

c．後頭葉

最も背中側の領域は後頭葉で、ものを見るための視覚野と呼ばれる部分がここに含まれている。

d．側頭葉

左右の耳の上くらいに位置する場所は側頭葉と呼ばれる。側頭葉は音を聞くための聴覚野，物体認識，記憶，言語などに関わっている。

これら a〜d の領域は，まとめて大脳皮質と呼ばれる。領域によって担う心の働きが異なっていることを大脳皮質の機能局在という。さらに a から d の各領域の中でもさらに細かく役割分担がなされている。したがって，脳の発達を考えるうえでは，どの領域が先に発達するかによって心の機能のバランスが異なってくるといえる。

また，脳は左右 2 つの半球に分かれていて，それぞれ左半球，右半球と呼ばれる。多くの人では左半球に言語野があり，言葉を発したり，読んだ文字や聞いた声を言葉として理解するための機能がある。左右半球の間は脳梁と呼ばれる線維の束でつながっており，脳梁を介して情報が行き来している。

(2) 神経細胞どうしのつながり：シナプス

大脳皮質に含まれる神経細胞は，ほかの神経細胞から情報を受け取り，その情報が閾値を超えるかどうかによってその細胞が活動するかが決まる。細胞の活動を伝達する部分は神経線維と呼ばれ，樹状突起や軸索などが含まれる。

神経線維は，次に情報を伝える細胞に向けて，シナプスと呼ばれる接合部を形成する。シナプスという言葉は，ギリシャ語で「結合」を意味する語に由来する。シナプスは，情報を受け取った神経細胞の活動を促す興奮性シナプスと，次の神経細胞の活動を抑制する抑制性シナプスとに分けられる。

児童期から思春期にかけての脳発達を考えるとき，この興奮性シナプスと抑制性シナプスの発生がアンバランスになることを理解しておく必要がある。

(3) 大脳の二層構造：灰白質と白質

大脳皮質は，神経細胞の集まりで脳の表面の厚さ 2〜4mm の部分に相当する。神経細胞は解剖してみると灰色のように見えることから，大脳皮質は灰白質と呼ばれる。

灰白質より下には，白質と呼ばれる部位がある。ここは神経細胞同士の連絡をつなぐための神経線維が集まった部位である。神経線維には，情報の伝達速

度を上げることができる脂質（髄鞘）が付着していることがあり，解剖したときに白っぽく見えることが，白質と呼ばれるゆえんである。

児童期から思春期にかけては，情報を処理するための灰白質が増加するだけでなく，神経細胞どうしをつなぎ，多様にそして効率的に情報処理を行うための白質も増加する。

❷ 乳児期の脳の発達

(1) 刈り込みと髄鞘化：効率的な神経基盤構築のために

脳の神経細胞の数は受精後17週ですでにピークに達し，その後増加することはない[2]。それにもかかわらず，脳の情報処理能力が発達するのは神経細胞どうしの連絡を担うシナプスが減少していくためである。シナプスが増加するほど多様な情報を処理できそうなものであるが，本来結合すべきでないところにシナプス結合があると，情報処理が冗長になり効率的に行えないと考えられている。したがって，シナプスが減少することは，発達初期の非効率な情報処理を適切に間引いていくという意味をもっている。こうしたシナプスの減少を刈り込みという。たとえば視覚野では生後8か月でシナプス密度とシナプス体積が最大になるが，その後は自然と数が減少する[3]。刈り込むことによって必要な回路だけを残し，情報処理の効率を上げ，速度を上げることにつながる。

もう一つ，乳児期からみられる脳の構造的変化で，発達的な意味をもつものは髄鞘化である。髄鞘化とは，他の細胞と接続する神経線維の周りに髄鞘と呼ばれる脂質が形成されることをいう。髄鞘化によって，細胞間の信号の伝達速度が上がる。脳の中で生まれ落ちた時にすでに髄鞘化されている部分は視覚野や運動野，感覚野で，これらは生きるうえで基本的な能力を司る部分であるといえる。一方，前頭前野や側頭葉は，生後長い時間をかけて髄鞘化が進む[4)5]。このことは，前頭葉や側頭葉が生後の学習によって環境との相互作用の中で育てられていく脳部位であることを示している。

ポルトマン（Portmann, A.）は生理的早産という言葉を使い，ヒトが未熟な状態で生まれてくることを指摘した。生後の経験の重要さは，脳の発達の順番

や時期をみてもわかることである。近年の研究では，親の教育年数や家庭収入などの子どものおかれた社会環境が脳の発達に影響するという論文さえ出ている[6]。ただし，これはあらゆる研究に共通していえることだが，脳の発達に与える環境の影響は個人差がとても大きいことに留意する必要がある。

(2) 敏感期

胎児期の脳は，大脳皮質の機能局在が成人ほど明確ではないようだ。成人の脳では，目から得られる視覚情報は視覚野へ入力され，耳で聞く聴覚情報は聴覚野に入力される。それが胎児では，たとえば目を閉じて哺乳しているときにも，視覚野が活動することがあるという[7]。さらに，成長とともに，本来入力されるべき視覚情報が入力されると視覚野が視覚処理の専門性を獲得するが，先天性白内障などによって視覚入力がなされない期間が一定以上続くと，視覚野は視覚入力ではない別の情報を処理するようになってしまうという[7]。

こうした事例は，発達心理学で臨界期あるいは敏感期と呼ばれる現象を説明する。特に先天性白内障をもって生まれてきた乳児は，手術を受けて視力を回復したとしても，動くものを見ること，人の顔を見ることなどが健康な乳児の発達とは異なる軌跡をたどることが多くの研究から明らかになっている[8]。生後のしかるべき時期に適切な視覚入力を得ることが適切な情報処理の発達を方向づけるうえで必要である。ただし，マウラは，敏感期の考え方を支持しつつも，成人になってからのリハビリテーションによって視力が回復する可能性も示している。

❸ 児童期の脳の発達

(1) 前頭前野の実行機能

児童期以降の前頭前野は，ヒトの認知過程の中で実行機能の中枢として大きな役割を果たしている[9]。実行機能とは，欲求や衝動をコントロールしながら，なすべきことをなすように行動を計画するための脳の機能である。

児童期の実行機能の発達をみる一つの研究手法に，目の前のマシュマロを食

べずにどれくらい長く我慢していられるかを調べるマシュマロテストがある。大人が子どもの目の前にマシュマロを置き，これから大人が部屋を離れるが，その間はマシュマロを食べずに我慢しておくように告げる。もし食べずに我慢できた場合には，ご褒美にもう一つマシュマロをあげるとも話す。子どもはすぐにでもマシュマロを食べたいそぶりを見せつつ，大人の言いつけをきいて我慢しようと苦悶する姿はかわいらしい（インターネットの動画サイトで marshmallow test で検索してみると見つけることができるだろう）。マシュマロテストを考案したミシェルらは，その成績が，その子の将来の年収や学歴などを予測するという論文まで発表した[10]。ただし，近年の研究では，マシュマロテストの成績そのものが家庭の社会経済的環境に影響を受けることが報告され，この解釈には注意が必要である[11]。

　実行機能の中でも，ゲームのルールなどが途中で変更された場合に，変更後のルールに対応する能力をシフティングという。森口らは dimensional change card sort（以下 DCCS）課題を用いて，3〜5歳の幼児のシフティング能力と脳活動の関連をみた[12)13)]。この課題では，幼児が，色と形に基づいてカードを正しく分類できるかをみる。たとえば「青い丸」「青い星」「赤い星」の3枚のカードを例にとると，色で分類するときは青か赤かに分類するため，「青い丸」「青い星」／「赤い星」という分け方になる。形で分類するときは「青い丸」／「青い星」「赤い星」となる。DCCS 課題では，カード分類のルールを色ルールから形ルールへ（あるいは形ルールから色ルールへ）と変更した際，幼児が変更後のルールを正しく守れるかによってシフティングの能力を検討する。シフティングが未熟な幼児であれば，最初のルールに固執してしまい，ルールが変わった後に正解することができなくなってしまう。大半の4歳児はこの課題に通過できたが，3歳児はルール変更に対応できない子が15人中6人いたという。そこで，課題に通過できた3歳児と，できなかった3歳児の DCCS 課題中の脳活動を計測したところ，前頭前野の活動に違いがみられたという。このことから，DCCS 課題には前頭前野の働きが関わっていると考えられる。

（2）脳の可塑性

　児童期後半ごろに，脳の灰白質の体積はピークを迎える。レンルートとジェッ

ド[14]によれば、脳の領域によってピークの時期は異なり、前頭葉では11～12歳、頭頂葉では10～12歳、側頭葉では16歳以降にピークを迎えるという。次頁の図3-2に示すように灰白質の体積は逆U字型を示しており、ピーク前の増加は細胞の成長、ピーク後は刈り込みによる細胞の減少と対応していると考えられる。

一方、白質の体積は児童期・思春期にピークはなく、思春期以降も増え続けている。灰白質を構成する神経細胞の成長とは異なり、神経細胞どうしの連絡部分である白質が直線的に増加することは、思春期以降には脳の回路を接続するという形で脳が発達することを示している。脳の回路は、学習や記憶などの経験によって、どの回路を残してほかを間引くかが決まるため、思春期によい経験を積むことは非常に重要である。

(3) 虐待による脳への影響

虐待を受けることで脳はダメージを受ける。これは児童期に限ったことではないが、特に脳が発達途中の時期にはその影響が強く生じ、脳に形態的変化を引き起こすことが知られている。虐待の種類には、暴言、ネグレクト、性的虐待、身体的虐待などさまざまなタイプがあり、タイプによって脳に与える悪影響も違ってくる[15]。

友田ら[16]は、1,500名近い市民を対象に、小児期に暴言虐待を受けた人を探し出した。一般市民の中から抽出したのは、他タイプの虐待を受けたり、成長途中に暴言虐待以外の疾患によって脳の変化が起きたりした可能性を排除できるよう配慮したためである。果たして小児期に親から暴言虐待受けた群として21人を抽出できた。その21人の群と、年齢や両親の学歴などの生活環境要因をマッチさせた暴言虐待を受けなかった群とで、20～22歳時点での大脳皮質の体積を比較した。その結果前者では、聴覚野と聴覚性言語機能に関係する部位で灰白質が14.1％も肥大していたという。これは暴言虐待によって刈り込みが起こるべき時期に適切に起こらず、そのために肥大していると友田らは考察している。

一方、同じ心理的虐待の中でも、DV（ドメスティックバイオレンス、家庭内暴力）を目撃した場合には異なる変化がみられたという[17]。児童虐待防止法

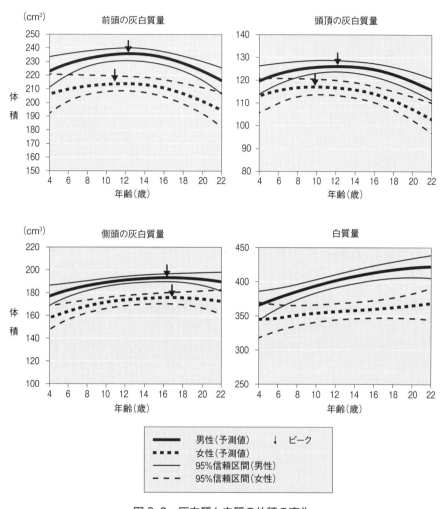

図 3-2　灰白質と白質の体積の変化
横軸が年齢を表し，縦軸が体積 [cm³]
(Lenroot, R. K., Giedd, J. N.: Brain development in children and adolescents: Insights from anatomical magnetic resonance imaging. Neuroscience and Biobehavioral Reviews, 30 (6), 718-729, 2006 を改変)

ではDVを目撃させることも心理的虐待にあたると定義されている。両親のDVを目撃して育った群では，そうでない群に比べてやはり青年期の大脳皮質の体積に違いがあり，視覚野の体積や皮質の厚さが減少していたという。さらに，性的虐待や体罰によっても脳に影響がみられるという。

　さらにアンダーソンら[18]は脳への影響は，脳の部位によって影響が起こりやすい時期が異なってくることも報告しており，3～5歳の児童期には性的虐待によって海馬が最も影響を受けやすいという。さらに近年の研究では，虐待による海馬への影響には性差があり，男児では7歳までに受けたネグレクトが，女児では10～11歳に受けた虐待が，それぞれ成人になった後の海馬の体積と関連することが報告されている[19]。

④ 思春期の脳の発達

(1) 精神疾患発症の好発年齢

　思春期は精神疾患の好発年齢である。厚生労働省の資料によれば，統合失調症の好発年齢は10代後半から20代であるし，社会不安障害や摂食障害の好発年齢も10代後半，うつ病やパニック障害の発症のピークの一つは青年期にある。発達障害もその定義から思春期までに発現する[20]。しかし一般にこうした印象がもたれてこなかったのは，思春期が身体発達の面では成長期に重なり，比較的健康度の高い時期であるため，精神の発達も健康な時期であるという誤解があったためではないかと指摘されている[21]。

　こうした精神疾患発症のメカニズムは十分に解明されていないが，思春期もまた，児童期とは異なった脳の発達の側面において，脳の可塑性が高い時期である。章の冒頭でふれたファインバーグは，統合失調症の発病メカニズムは思春期に起こるべきシナプスの刈り込みと再構成が十分に起こらないことが原因であると1960代に着想しており，ようやく近年これを支持する研究が提出されてきた[1]。思春期の脳が精神疾患のリスクにさらされていることは，ひるがえって，脳がダイナミックに変化する時期であり，可塑性に富むことを示しているともいえる。

(2) ブレーキ不全な脳：危険行動をとりやすい

警視庁の犯罪統計によると，年齢別の人口10万人当たりの犯罪率は，2010年の資料をみると，14〜15歳の思春期前半にそのピークが来ている。驚くべきことに，思春期のこの3年間にピークがあることは1980年から10年ごとにみていっても，その傾向に変わりがない。思春期犯罪のほとんどは窃盗，万引きであり，目の前の金品に法律を守るための自己制御ができていないことが脳の発達に由来していると考えられる[22]。

犯罪に限らず，若者は危険行為を犯しやすい。自身の命を危険にさらすこともあれば，他者に迷惑をかけて社会的な制裁を受けるなど，大きな代償を払うことを知っているにもかかわらず行動を制御できない。その原因の一つは，行動の制御を司る前頭葉での抑制性シナプスよりも興奮性シナプスの多さにあると考えられる[23]。さらに，欲求を制御するための前頭前野がまだ発達途上である。3節で，児童期の前頭前野の発達について述べたが，思春期は前頭前野の発達が依然として途上であることに加え，報酬系と呼ばれる快不快を判断するための脳領域が，幼児期よりも発達した状態であることが特徴である（図3-3）。車にたとえると，アクセルは完成しているのに，まだブレーキが発達しきって

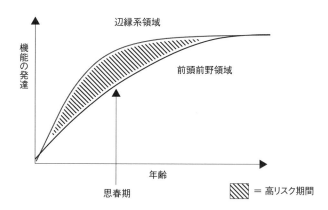

図3-3 報酬系を含む辺縁系と前頭前野の発達のズレ
横軸が年齢を表し，縦軸が機能の発達を表す

(Casey, B. J., Jones, R. M., & Hare, T. A.：The adolescent brain. Annals of the New York Academy of Sciences, 1124, 111-126, 2008 を改変)

いないとも表現できる。この意味では，思春期の衝動性は，報酬系回路の発達が不十分な幼児期の衝動性よりも大きく，危険行動をする可能性が高い時期にあるといえる[24]。

　思春期後半になると，これらがうまく連携することで，目の前の報酬にとびつくことなく，遅れてやってくるより大きな報酬を待つことができるようになる[25]。アクターバーグらは8歳から26歳までの子ども192人を対象とし，2年おきに脳計測と心理実験を行うことで発達過程を検討した。心理実験では，たとえば「今すぐ200円をもらうのと，30日後に1,000円をもらうのとではどちらが良いか」と尋ね，遅れてやってくる報酬を待つことができる能力を調べた（ただし，遅れてもらえる報酬は，長く遅れるほど価値が小さくなることに注意）。脳計測ではMRI(magnetic resonance imaging；核磁気共鳴画像法)によって脳の構造を計測した。その結果，遅れてもらえる報酬を待つことができる能力は，行動の制御を担う前頭葉と，報酬を感じる線条体とを結ぶ白質（前頭―線条体白質）の発達と相関することがわかった。前頭―線条体の白質量の成長は，児童期と思春期後期には著しいが，思春期中期には中だるみのようにほとんど成長しないという。この研究から，思春期中期こそ，発達した報酬系に行動の制御が追いつくことができない，困難な時期になっていると考えられる。

(3) 体内時計が夜型

　思春期の体内時計は夜型にふれていることもまた，思春期の脳活動計測から示されている。2014年，米国小児科学会は声明を出し，中学校と高校は午前8時30分か，それより遅く始業するべきだとする提言を出した[26]。これを受けてアメリカの疾病対策予防センターは，睡眠サイクルを思春期に合わせようとすると，学校が早く始まりすぎていると指摘している[27]。2016年にはアメリカ睡眠医学会が声明を出し，13〜18歳は健康のためには8時間から10時間の睡眠が必要であり，十分な睡眠がとれない場合は体重過多，日中の身体的活動に集中できない，うつ症状，飲酒や喫煙，薬物乱用のリスクが増加，学業不振などの傾向があると指摘した[28]。

　思春期には，人生の中で体内リズムが最も夜型化しやすいことが知られてい

る。図3-4は,9か国で行われた13の研究のデータをもとに算出した,年齢ごとの平均就寝時刻と平均起床時刻である[29]。平日をみると,成長とともに就寝時刻がどんどん遅くなり,18歳では,11歳に比べて就寝時刻が2.75時間も遅れている。それにもかかわらず,学校の始業にあわせて年齢を問わず7時ごろに起床しているため,18歳に近づくほど,そのぶん睡眠時間が短縮されることがわかる。一方で休日は起床時間に関する制約が平日ほどはないので,就寝時刻の遅れにあわせて起床時刻も遅らせることで,なんとか睡眠時間を確保できていることがわかる。

思春期で睡眠サイクルが夜型になる原因はホルモンの影響を受けているほか,環境的な要因もあるという。バーテルら[30]が2015年に総勢85,561人の思春期を対象としたこれまでの研究のメタ分析を行ったところ,良い睡眠と身体活動は,早い就寝時間と関連が深いことがわかった。就寝時刻を遅くする原因

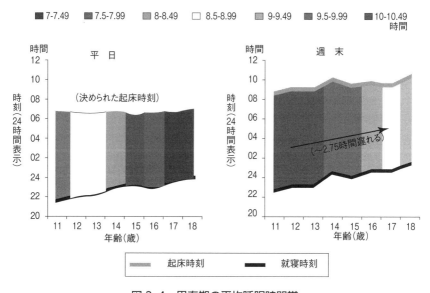

図3-4 思春期の平均睡眠時間帯
平均就寝時刻と平均起床時刻をもとに作成されている。
(Hagenauer, M. H., Lee, T. M.: The neuroendocrine control of the circadian system: adolescent chronotype. Frontiers in Neuroendocrinology, 33(3), 211-229, 2012を改変)

としてバーテルらはビデオゲーム，スマートフォン，コンピュータ，インターネット，夜に明かりをつけていることを挙げている。しかも，睡眠時間の長さは，良い睡眠衛生とは負の相関があるとした。睡眠時間は長ければ長いほど良いということではないようだ。睡眠時間が長くなる要因として，たばこ，コンピュータの使用，夜に明かりをつけていること，カフェイン摂取，家庭環境の悪さを挙げている。

(4) 仲間外れによる影響

思春期には家族内の人間関係よりも友人との人間関係が重要になる。友人から受け入れられること，排斥されることは思春期にとって大きな問題となり，仲間に入れてもらえることへの欲求が芽生える。また，その結果，仲間から受ける影響も大きい。

ロッドマンら[31]が10～23歳の107人を対象に，相互社会評価タスクを行ってもらった。このタスクでは，未知人物の顔写真を見て，まず，その人を好きかどうかを評価させる（①）。次に，その人物が自分を好きだと思うかを予想させる。その直後，ランダムに割り当てられた正答「好き」「嫌い」が参加者にフィードバックされる。その後，参加者は記憶のテストとして「この人物は自分を好きだと言ったか嫌いと言ったか」を思い出して回答する。最後に再び，その人物を好きかどうかを評価させる（②）。この手続きによって，①相互作用が起こる前に，自分が他者からどれくらい好かれると期待するか，そして②他者が自分を好きかどうかに応じて，自分から他者への好意をどれくらい変化させるか，の2つを調べることができる。

結果は，①自分が他者からどれくらい好かれるかの予測は，10～20歳の時期にU字型となることがわかった（**図3-5左**）。他者が，半数ずつの割合で自分を好きか嫌いかで分かれていると考えるのがもっとも公平な発想であるが，12～16歳では，自分が好かれないと予想する割合が高かった。なお，12歳以前と17歳以降では，自分が好かれると予想する割合の方が多かった。このことは，自尊感情が思春期に低くなることと合致しており，自尊感情の低さが，他者に受容される自信の強さと関連していることを裏付ける結果である。

②の結果は，15歳頃を境にして，年齢による違いがみられた。14歳頃まで

は他者が自分を好きかにかかわらず，自分の最初の評価を維持するのに対し，15歳以降になると，他者が自分を好きかによって他者に対する好意を更新することが示された。つまり，自分を好いている相手は後から自分も好意的に評価し，自分を嫌っている相手は自分からも嫌いになる。この傾向は，この研究で上限となった23歳頃までずっと大きくなり続ける（**図3-5右**）。

思春期になると，スマートフォンなどのインターネット機器を使って，オンラインで友人関係を築く時間も増えてくる。こうしたオンラインでの排斥経験は，サイバーボールパラダイムというコンピュータゲームの場面を使って検討されてきた。ゲームの中で2人の仮想相手とプレイヤーの三者が等しい回数ずつボールをパスし合うフェアプレー条件よりも，仮想相手どうしでボールをパスし合うだけでプレイヤーにパスが回ってこない排斥条件では，プレイヤーの自己統制感，自尊感情，集団への所属感が低くなることが知られている[32]。このときの脳活動を計測したところ，眼窩前頭野や島皮質といった領域の活動が上がり，覚醒と不快感情の増加と関連していると考えられる[33]。

サイバーいじめ（cyber-bullying）は，対面場面で生じる伝統的ないじめと同様に起こることが，2015年のアメリカの調査で報告されている[34]。論文で示されたデータから著者が計算したところ，9〜12歳までの28,104人中，過去30日以内にサイバーいじめを受けた者のうち，サイバーいじめだけだった

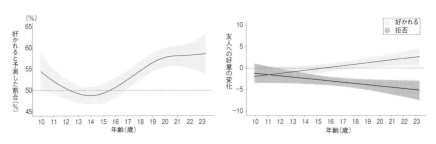

図3-5　相互社会評価タスク
（左）友人から好かれると予測した試行数の割合。横軸は年齢。（右）友人からの評価を聞く前と聞いた後で，友人への好意が変わった度合い。回帰直線による予測。
(Rodman, A. M., Powers, K. E., Somerville, L. H.: Development of self-protective biases in response to social evaluative feedback. Proceedings of the National Academy of Sciences, 114 (50), 13158-13163, 2017 を改変)

のは 4.6％にすぎず，ほか 95.4％は伝統的ないじめも併せて受けていたという。ただし，サイバーいじめの発生率は，サイバーいじめをどう定義するかによっても異なり，また，国によっても異なるため今後も調査を継続していくことが重要であろう。いずれにせよ，インターネット機器を手にした子どもたちは，伝統的ないじめが起こる学校という場を離れてもなお，サイバーいじめの脅威にさらされることが危惧される。

演習

思春期の脳の特徴として，危険行動をとりやすいことと，仲間外れを恐れる気持ちがあることを紹介した。では，友人から非行行為（暴力や万引きなど）をするように誘われたときに，自分ならどうするだろうか。
生徒としての立場からと，教師としての立場から，それぞれ考えてみよう。

●引用文献・参考文献

1) Johnson, M. B., Stevens, B.：Pruning hypothesis comes of age. Nature, 554 (693), 438-439, 2018
2) 坂井建雄・久光正：ぜんぶわかる脳の事典，成美堂出版，2014.
3) Huttenlocher, P. R., de Courten, C., Garey, L. J., Van der Loos：Synaptogenesis in human visual cortex：evidence for synapse elimination during normal development. Neuroscience Letters, 33 (3), 247-252, 1982
4) Flechsig, P：The cerebral cortex in the human subject. Lancet, 158 (4077), 1027-1030, 1901
5) 森口佑介：幼児期から児童期，脳の発達科学，新曜社，pp.19-27，2015
6) Noble, K.G., Houston, S.M., Kan, E., Sowell, E.R.：Neural correlates of socioeconomic status in the developing human brain. Developmental Science, 15 (4), 516-527, 2012
7) 小西行郎：胎児期と新生児期，脳の発達科学，新曜社，pp.8-18，2015
8) Maurer, D：Critical periods re-examined：Evidence from children treated for dense cataracts. Cognitive Development, 42, 27-36, 2017
9) 市川寛子：社会性の発達 (2) 乳児期から幼児期へ．改訂版 乳幼児心理学，放送大学教育振興会，pp.173-188，2016

10) Casey, B.J., Somerville, L.H., Gotlib, I.H., Ayduk, O., Franklin, N.T., Askren, M. K., Glover, G. et al.：Behavioral and neural correlates of delay of gratification 40 years later. Proceedings of the National Academy of Sciences, 108 (36), 14998-15003, 2011
11) Watts, T.W., Duncan, G.J., Quan, H.：Revisiting the marshmallow test：a conceptual replication investigating links between early delay of gratification and later outcomes. Psychological Science, 29 (7), 1159-1177, 2018
12) Moriguchi, Y., Hiraki, K.：Neural origin of cognitive shifting in young children. Proceedings of the National Academy of Sciences, 106 (14), 6017-6021, 2009
13) Moriguchi,Y.,Hiraki,K.：Longitudinal development of prefrontal function during early childhood. Developmental Cognitive Neuroscience, 1 (2), 153-162, 2011
14) Lenroot, R.K., Giedd, J.N.：Brain development in children and adolescents：Insights from anatomical magnetic resonance imaging. Neuroscience and Biobehavioral Reviews, 30 (6), 718-729, 2006
15) 友田明美：愛着と虐待，脳の発達科学，新曜社，pp.228-236, 2015
16) Tomoda, A., Sheu, Y.S., Rabi, K., Suzuki, H., Navalta, C.P., Polcari, A., Teicher, M. H.：Exposure to parental verbal abuse is associated with increased gray matter volume in superior temporal gyrus. NeuroImage, 54, S280-S286, 2011
17) Tomoda, A., Polcari, A., Anderson, C.M., Teicher, M.H.：Reduced visual cortex gray matter volume and thickness in young adults who witnessed domestic violence during childhood. PLoS ONE, 7 (12), e52528：1-11, 2012
18) Andersen, S. L., Tomada, A., Vincow, E. S., Valente, E., Polcari, A., Teicher, M. H.：Preliminary evidence for sensitive periods in the effect of childhood sexual abuse on regional brain development. Journal of Neuropsychiatry and Clinical Neurosciences, 20 (3), 292-301, 2008
19) Teicher, M.H., Anderson, C.M., Ohashi,K., Khan,A., McGreenery,C.E., Bolger, E.A., Vitaliano, G.D. et al.：Differential effects of childhood neglect and abuse during sensitive exposure periods on male and female hippocampus. NeuroImage, 169, 443-452, 2018
20) 厚生労働省　今後の精神保健医療福祉のあり方等に関する検討会：児童・思春期の精神医療について，2009．https://www.mhlw.go.jp/shingi/2009/06/dl/s0604-7e_0001.pdf［2018年9月22日閲覧］
21) 笠井清登：総合人間科学としての思春期学．思春期学，東京大学出版会，pp.1-17, 2015
22) 長谷川眞理子：コラム2　少年犯罪．思春期学，東京大学出版会，pp.41-42, 2015

23) Insel, T.R.: Rethinking schizophrenia. Nature, 468 (7321), 187-193, 2010
24) Casey, B. J., Jones, R. M., Hare, T.A.: The adolescent brain. Annals of the New York Academy of Sciences, 1124, 111-126, 2008
25) Achterberg, M., Peper, J. S., van Duijvenvoorde, A.C., Mandl, R.C., Crone, E.A.: Frontostriatal white matter integrity predicts development of delay of gratification: a longitudinal study. Journal of Neuroscience, 36 (6), 1954-1961, 2016
26) American Academy of Pediatrics: School start times for adolescents, 2014. http://pediatrics.aappublications.org/content/early/2014/08/19/peds.2014-1697 [2018年9月22日閲覧]
27) Centers for Disease Control and Prevention: Schools start too early, 2018. https://www.cdc.gov/features/school-start-times/index.html [2018年9月22日閲覧]
28) Paruthi, S., Brooks, L.J., D'Ambrosio, C., Hall, W.A., Kotagal, S., Lloyd, R.M., Rosen, C.L. et al.: Recommended amount of sleep for pediatric populations: A consensus statement of the American Academy of Sleep Medicine. Journal of Clinical Sleep Medicine, 12 (6), 785-786, 2016
29) Hagenauer,M.H., Lee,T.M.: The neuroendocrine control of the circadian system: adolescent chronotype. Frontiers in Neuroendocrinology, 33 (3), 211-229, 2012
30) Bartel,K.A., Gradisar,M., Williamson,P.:Protective and risk factors for adolescent sleep: A meta-analytic review. Sleep Medicine Reviews, 21, 72-85, 2015
31) Rodman,A.M., Powers,K.E., Somerville,L.H.: Development of self-protective biases in response to social evaluative feedback. Proceedings of the National Academy of Sciences, 114 (50), 13158-13163, 2017
32) Williams, K.D., Jarvis, B.: Cyberball: A program for use in research on ostracism and interpersonal acceptance. Behavior Research Methods, Instruments, & Computers, 38 (1), 174-180, 2006
33) Crone, E., Konijn, E.: Media use and brain development during adolescence. Nature Communications, 9, 588: 1-10, 2018
34) Waasdorp,T.E., Bradshaw,C.P.: The overlap between cyberbullying and traditional bullying. Journal of Adolescent Health, 56 (5), 483-488, 2015

第4章 パーソナリティの理解

　この章ではパーソナリティと知能に関する心理学研究について概説する。パーソナリティも知能も，心理学の中では古くから個人差の問題として研究され，さまざまな検査法が開発された。そこでパーソナリティと知能に関する研究の歴史的経緯を説明し，主要な理論と検査法とについて説明する。特にパーソナリティと知能の検査法は，公認心理師の主要な業務の一つである心理アセスメントの重要なツールとなるのでしっかり学んでほしい。

1 パーソナリティとは

　アメリカの心理学者であるオールポート（Allport, G.W., 1897-1967）は，パーソナリティを「個人の内にあって，その個人に特徴的な行動や思考を決定する心理物理的体系の総称であり，個人の内部に存在する力動的組織である」と定義した。パーソナリティとは，個人に特有の一貫した思考，感情，行動のパターンのことと考えられている。パーソナリティは身長などとは異なり，直接に目で見たり物理的に測定したりすることができず，個人の行動傾向から間接的に推測するしかない。たとえば「社交的な性格」といわれる人は，多くの友だちと付き合い，誰とでも打ち解けることができて，何でもオープンに話をするといったその人の行動傾向や印象から「社交的な性格」であると判断（仮定）される。このような直接的・物理的に測定することが困難で，特定の行動傾向などから間接的・理論的に仮定される概念のことを構成概念という。パーソナリティに限らず，知能や攻撃性，愛着，自尊心などの心理学で扱われる多くのテーマは構成概念である。

パーソナリティとは英語の personality をそのまま片仮名に直した言葉で，性格や人格と訳されることもある。かつては character が性格と訳されることもあった。英語で character といえば，「個性的で面白い」という評価的なニュアンスが入るために，この言葉は現在ではほとんど使われていない。また日本語で人格というと「人格者」というように道徳的なニュアンスが含まれるので，この訳語も使われなくなりつつある。英語の personality には個人の「性格」だけではなく，知能や価値観，興味，態度などの個人差に関する広範囲な概念が含まれている。日本語の性格や人格という言葉には知能などのニュアンスはないので，現在ではパーソナリティと表記されることが多い。したがって，本章でもパーソナリティという言葉を用いる。

❷　パーソナリティの理論

(1) 類型論

　パーソナリティに関する興味は，古代ギリシア時代の書物から垣間見ることができる。テオプラストス (Theophrastus, B.C.371 頃 -287 頃) の『人さまざま』はパーソナリティを扱った世界で最初の本である。この本にはお節介，へそ曲がり，けち，傲慢などの 30 もの章があり，それぞれの行動傾向が描写されている。世界で最初のパーソナリティの理論としては，ガレノス (Galēnos, 129 頃 -199 頃) の四気質説が知られている。ガレノスは古代ギリシアの医師であるヒポクラテス (Hippocrates, B.C.460 頃 -377 頃) が提唱した四体液説をもとに，多血質，胆汁質，粘液質，黒胆汁質というパーソナリティの類型化を行った。この理論では多血質の人は血液の量が多く（優位で），快活で社交的なパーソナリティであると考えられ，黒胆汁質は黒胆汁の量が多く（当時はこのような体液が存在すると考えられていた），不安定で悲観的なパーソナリティであるとみなされた。このようにパーソナリティを特定のタイプに分類する考え方を類型論という。ちなみに気質 (temperament) というのは，個人の遺伝的・生物学的な行動傾向を示す言葉であり，いわゆる生まれつきの性質というニュアンスが強い。ガレノスの理論は近代になるまで影響をもち，ヴント（第 1 章

参照）もアイゼンク（Eysenck, H.J., 1916-1997）もこの四気質説に基づいてパーソナリティの理論を考察した。日本では，古川竹二（ふるかわたけじ）（1891-1940）の血液型性格判断も四気質説に影響を受けている。

　近代になるとドイツの精神医学者であるクレッチマー（Kretschmer, E., 1888-1964）が『体格と性格』（1921）を著し，精神障害の種類によって気質（病前性格）と体格とが異なることを示した。統合失調症の患者には細長型の体型が多く，非社交的で神経質で従順であり，これを分裂気質と呼んだ。また躁うつ病の患者には肥満型の体型が多く，社交的で快活だが落ち込みやすいので，これを循環気質とした。後にてんかんの患者には闘士型の体格が多く，几帳面で融通が利かず頑固なところがあり，これを粘着気質とした。シェルドン（Sheldon, W., 1898-1977）はクレッチマーの理論を一般の人にも適用可能であるかを検討するために，大学生の体格を測定して，体型を内胚葉型（肥満型），中胚葉型（闘士型），外胚葉型（細長型）の3つに分類した。そして内胚葉型が内臓緊張型気質（温和な気質）に，中胚葉型が身体緊張型気質（攻撃的な気質）に，外胚葉型が頭脳緊張型気質（神経質な気質）に関連すると考え，クレッチマーの類型論を支持した。

　クレッチマーやシェルドンは，生物学的要因としての身体（体型）との関連からパーソナリティを類型化したものであるが，ユング（Jung, C.G., 1875-1961）は精神力動論的な心理機能の観点からパーソナリティの類型化を行った。ユングは，パーソナリティには心的エネルギーが自己の内面に向かうタイプ（内向型）と外界に向かうタイプ（外向型）の2つの型があると考えた。さらに基本的な心理機能には思考，感情，感覚，直観の4つがあり，内向型か外向型かの2型と4つの心理機能のどれが優位であるかによって，2型×4機能で8通りのパーソナリティ類型に分けられると考えた。

　パーソナリティの類型論では，典型的なパーソナリティ像が想定されているので，特定の人物のイメージを容易に伝えることができる。「今度の先生は循環気質だ」といえば，社交的で太った快活な人物像を描くことができる。しかし個人を特定の型に分類してしまうと，その型に特徴的な行動傾向だけが目に入ってしまい，型に当てはまらない行動傾向は無視されてしまう（これを確証バイアスという）。また理論的に想定されている典型的な類型に当てはまる人

はまれで,多くの人は混交型とでもいうべき多様性をもっている。クレッチマーの類型論のようにパーソナリティの遺伝的・生物学的な要因を強調してしまうと,パーソナリティ形成に及ぼす文化的・社会的な要因を見落としてしまう危険がある。現代の心理学では,パーソナリティを少数の類型によってとらえようとする研究はほとんど行われておらず,パーソナリティの特性論に基づいた研究が主流になっている。

(2) 特性論

　パーソナリティの特性論は,オールポートによる辞書を用いた研究から始まると考えられている。オールポートはパーソナリティの特性を探すために,『ウェブスター英語辞典』から人間の特徴に関連した言葉17,953語を抽出して,その中からさらにパーソナリティ特性に関する言葉4,504語を絞り込んだ。そして支配的－服従的,持久的－動揺的などの14の共通特性にまとめた。キャッテル（Cattell, R., 1905-1998）はオールポートのリストを約200語に縮め,因子分析という統計手法を用いることで,パーソナリティの共通特性として回帰性傾向－分裂性気質,知能一般的精神能力－精神欠陥などの12因子を抽出した。その後,さらに4因子を加えてパーソナリティを16因子として,この16のパーソナリティ特性を測定するための心理検査16PF（sixteen personality factor questionnaire）を開発した。

　オールポートらの試みは,パーソナリティに関する莫大な用語を整理・分類して,これらを少数の基本単位に収束させたものである。この基本単位をパーソナリティの共通特性（パーソナリティ特性）と呼び,パーソナリティを共通特性の側面から検証するアプローチをパーソナリティの特性論という。特性論に基づいた研究では,質問紙法を利用すれば複数のパーソナリティ特性を量的に測定することが可能で,因子分析などの統計手法を用いて統計学的・実証的な裏付けを得ることができる。個人間の比較も可能である。たとえばA君とB君のどちらが外向的かを知るためには,外向性に関する質問紙（心理検査）を実施して,両者の得点を比較すればよい。現在ではパーソナリティの特性論に基づいたさまざまな質問紙が開発されている。

　現在の特性論研究では,5つのパーソナリティ特性によってパーソナリティ

をとらえて記述する動きが主流になっている。これをパーソナリティのビッグファイブ（big five）理論や5因子モデルという。5つのパーソナリティ特性とは神経症傾向（neuroticism），外向性（extraversion），開放性（openness），調和性（agreeableness），誠実性（conscientiousness）である。神経症傾向は情緒的な不安定さや過敏性を表し，外向性は活動性や刺激を求める傾向などと関連する。開放性は知的好奇心や創造性などと，調和性は共感性や利他性などと関係している。誠実性は欲求のコントロールや仕事や勉強に対する勤勉な態度と関係している。この5因子を測定する尺度としてはコスタとマクレー（Costa, P. & McCrae, R.）が開発したNEO-PI-R（revised NEO personality inventory）がよく用いられている。

　特性論は，パーソナリティは環境（状況）をとおして一貫したものであると仮定している。つまり調和性の高い人は，どのような状況においてもそのように振る舞うであろうと考えられている。しかし環境の要因も重要であり，人間の行動はパーソナリティだけではなく環境によっても大きく影響される。また特性論はパーソナリティの発達や変化や機能的側面についてはあまり明らかにすることができない。次項では，精神分析と人間性心理学の理論をもとにパーソナリティの発達や機能について説明する。

（3）精神分析のアプローチ

　精神分析は19世紀末頃にフロイト（Freud, S., 1856-1939）が創始した心理療法の理論体系である。フロイトは人間の行動に及ぼす無意識の役割を重視して，心が意識，前意識，無意識の3層で構成され（局所論），イド，自我，超自我の3構造からなる（構造論）と仮定した。そして人間にはリビドーという性的エネルギーがあり，成人の場合にはリビドーは生殖器に向かうが，そうなるまでの間，リビドーは発達段階に応じてさまざまな身体部位に向かうと考えた。その発達段階は，口唇期（乳幼児期），肛門期（幼児前期），男根期（幼児後期），潜伏期（児童期），性器期（青年期以降）の5段階である。もしも乳幼児期において離乳の時期が早すぎたなどの理由から，口唇に対する欲求が十分に満たされなかった場合には，リビドーが口唇期に固着してしまい口唇期に特有の欲求が後々まで優位に残存して，パーソナリティ形成に大きな影響を与え

る。たとえばリビドーが口唇期に固着した場合には，依存性の強さや過度の愛情欲求を特徴とする口唇期性格となり，肛門期に固着した場合には，潔癖さや吝嗇（けち）などを特徴とする肛門期性格が形成される。

　フロイトは，人間のパーソナリティはイド，自我，超自我の各機能のバランスによって成立すると考えた。イドとは生物学的に規定された本能的な欲求を備え，リビドーの源泉でもある。具体的には飲食の欲求や排泄の欲求，性的な欲求，苦痛の回避などが本能的な欲求に由来して，不快な緊張を発散させる快楽原則に従う。自我は現実原則に従い，イドの欲求を即時的に満足させず延期したり抑えたりして，社会的に容認される形に置き換える機能をもつ。自我は個人の意識や行動の中核になるものであるが無意識的な部分も存在し，防衛機制は自我によって無意識的に成し遂げられる。超自我は父母との対象関係を通じて，本能的な欲求に対する叱責，脅かし，禁止が採り入れられ内在化して独立したものである。超自我は自我に対しては検閲者の役割を果たし，意識的には自我理想として，無意識的には罪悪感として作用する。イドと自我と超自我とのバランスを極めて単純化して考えると，もしも自我が弱くてイドの欲求を抑えることができなければ，その人は刹那的な快楽ばかりを追求する傾向が強くなる。超自我があまりにも強ければ，過度に道徳的で堅苦しい融通の利かないパーソナリティとなる。フロイトは自我の機能を強くして，イドと超自我のそれぞれの欲求を適切に調節できるようになることが理想のパーソナリティであると考えた。

　自我の役割の一つに防衛機制がある。防衛機制とは，自我の脅威となるような出来事や本能的な欲求，感情，思考などを無害なものや現実に適応したものに変換しようとする無意識的な対処方法である。代表的な防衛機制に，①抑圧（苦痛を伴う記憶や感情を無意識の中に閉じ込める），②投影（自分自身の中にある望ましくない感情や性質を誇張した形で他人に押しつけて他人の中に見いだす），③反動形成（本来の動機とは正反対の動機を強調することで本来の動機を隠蔽する），④合理化（不本意な結果や失敗などに対して本当の理由ではなくてもっともらしい理由をつけて納得する），⑤置き換え（ある対象に対して満足が得られない場合に別の対象で満足を得る），⑥昇華（望ましくない欲求を社会的に受け入れられる形にして実現する）などがある。

(4) 人間性心理学のアプローチ

1961年にアメリカで人間性心理学会が発足したが,その背景には従来の心理学に対する批判がある。従来の心理学では自然科学のモデルに従い,人間の心理や行動を心理学実験などの科学的・客観的な方法でとらえようとした。特に行動主義のもとで,ラットやハトなどの動物実験をとおして行動モデルを形成して人間行動を演繹的に理解しようとする趨勢があった。これは一種の機械論的な人間理解である。また精神分析のもとでは,無意識を重視した人間の病理に関する臨床研究が盛んであった。精神分析では生物学的還元論と決定論に基づいて人間を理解しようとする傾向にあった。行動主義も精神分析も人間を主体的存在としてとらえる視点を欠いており,健康な人間が成長して成熟していくプロセスや潜在的な可能性,人生の意味や価値などについてあまり重視していなかった。人間性心理学は行動主義を第一の勢力,精神分析を第二の勢力とみなして,自らを第三の勢力と名乗った。人間性心理学の理論的背景には,実存主義哲学や現象学がある。実存主義哲学では,人間一人ひとりの価値を尊重して主観的な意識の独自性を重視した。現象学では,世界に対する個人の認識の主観的な体験を強調した。マズロー(Maslow, A.H., 1908-1970)とロジャーズ(Rogers, C.R., 1902-1987)は人間性心理学の設立に重要な役割を果たし,独創的なパーソナリティ理論を提唱した。

a. マズローの欲求階層説と自己実現

アメリカの心理学者であるマズローは,人間の欲求は,①生理的欲求,②安全の欲求,③愛情と所属の欲求,④承認の欲求,⑤自己実現の欲求の順番で層構造をもつものと考えた。そして生理的欲求から承認の欲求までが基本的欲求であり,最後の自己実現の欲求を成長欲求と考えた。自己実現とは,個人がもっている潜在的な可能性が十分に発揮されている状態である。マズローによれば,個人のパーソナリティは欲求の階層組織を中心に形成される。低次の欲求が満たされれば次の階層の欲求が強まってくるというように,より高次の欲求が出現する。そして基本的欲求が満たされた後に,最上層にある自己実現の欲求が現れる。

マズローは心理的な病気を抱えた人の臨床事例を扱うのではなく,健常な人

の創造的な活動を研究することによって，自己実現に関する理論を構築していった。たとえばリンカーンやアインシュタインのような豊かで独創的な生涯を送ったと考えられる人の生活を丹念に調べ，自己実現した人々には共通した性質があることを見いだした。自己実現をした人の特徴は次のとおりである。①真実を見極めて不安定な状況に耐えることができる人，②物事について自発的に考えて行動する人，③物事を自己中心的にではなく問題中心的に考えることができる人，④ユーモアのセンスがある人，⑤創造性が豊かな人，⑥型にはまらない人，⑦人類の福祉に関心をもつ人，⑧人生の根源的な意味について深く観照できる人，⑨少数の人と親密な関係を築くことができる人である。

またマズローは，自己実現をもたらすための行動についても言及している。マズローによれば，自己実現のためには次のような行動を心がけるとよい。それは，①子どものように多くのことを吸収して人生を深く体験すること，②新しいことには躊躇せずに挑戦してみること，③多数の意見や権威や伝統に従うのではなく自分自身の感情を大事にすること，④正直であること，⑤責任感をもつこと，⑥自分の価値観が多数の人に受け入れられないことをおそれないこと，⑦自分で決めたことに対しては一生懸命になること，⑧自分が防衛しているものを認識してそれを放棄する勇気をもつことである。マズローは自己実現した（と考えられる）人の中には，至高体験をした人が少なくないと述べている。至高体験とは，宗教的な神秘体験に通じるものがあり，平凡な意識を超越した大きな喜びと感動に満ちた人生における最高の歓喜の経験である。それは，自己実現の欲求のさらに上位に位置する自己超越（self-transcendence）の欲求に関連すると考えられた。

b．ロジャーズのパーソナリティ理論

ロジャーズはクライエント中心療法の創始者として知られている。クライエントとの臨床面接をとおしてクライエントのパーソナリティが変容する過程を観察して，独自のパーソナリティ理論を提唱した。ロジャーズによれば，人間には建設的な変化を引き起こすように成長し成熟していこうとする基本的な力が生来的に備わっており，それは常に自己実現を目指す。クライエント中心療法はクライエントが自己実現するのを援助するものであり，そのための環境を提供するのがカウンセラーの役割である。そしてクライエントの成長を促すた

めに,カウンセラーには3つの条件が必要とされた。3つの条件とは純粋性(genuineness), 無条件の肯定的配慮(unconditional positive regard), 共感的理解(empathic understanding)である。

クライエントのパーソナリティの変容は図4-1のように示される。クライエントは自己一致しておらず,不適応な状態にある(図4-1の左側)。Iの領域は,IIの自己概念の領域とIIIの自己経験の領域とが一致している領域である。大ざっぱな表現をすれば,自己概念とは理想化された自己の姿のことでもあり,自己経験とは現実の自己の姿である。したがってIの領域が狭いということは,現実の自己と理想の自己とが一致する部分が少なく,自己受容が十分になされていない状態である。またIIの領域は,自己経験と一致していない領域なので自己の中の歪曲された部分といえる。一方IIIの領域は,自己経験の中で自己概念と一致していない領域なので自己の中の否認された部分である。クライエントはカウンセリングをとおして自己経験を受け入れ,自己概念を現実に合ったものに修正していく。すなわち自己受容がなされ,Iの領域が広がっていく(図4-1の右側)。自己概念と自己経験とが一致しているほど心理的には適応した状態であり,適応的なパーソナリティ構造であるといえる。カウンセリングの目標は自己一致した状態をもたらすことでもあり,それは自己実現を促すことにつながる。

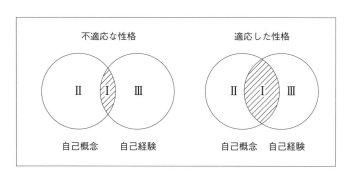

図4-1 自己概念と性格の適応

(Rogers, 1951)

3 パーソナリティの測定（パーソナリティ検査）

　心理検査の中には知能検査，発達検査，症状評価検査，神経心理学・認知機能検査などがあるが，その中で個人のパーソナリティを測定する目的で開発されたものをパーソナリティ検査と呼ぶ。パーソナリティ検査は作業検査法，質問紙法，投影法の3つに大別される。作業検査法としては内田－クレペリン精神検査がよく知られているが，ここでは質問紙法と投影法とについて説明する。

(1) 質問紙法

　質問紙法では，被検査者に多数の質問項目を与え，それについて「はい」「どちらでもない」「いいえ」などの回答を求める。これらの回答を得点化して，統計学的な根拠に基づいてパーソナリティを客観的に把握することが試みられる。たとえば「あなたは大勢の人と接するのが好きですか」「パーティーなどの社交の場は楽しいですか」などの質問に対して「はい」と答える傾向が強い人は外向性の得点が平均よりも高く，外向的なパーソナリティの人だとみなされる。

　質問紙法は適用範囲が広く，集団に対して同時に実施することができる。実施方法も回答方法も簡単であり，結果の処理も簡便なうえ，結果は客観的な数値として示される。そのためにパーソナリティ検査としては最も多く使用される。しかし回答方法が自己評定に基づいているために，被検査者が自分の心の状態を客観視して適切に内省できなければならず，適用年齢には制限がある。内省が可能であったとしても，自分を良くみせようと意図的に嘘の回答をすることも可能であり，無意識的に社会的に望ましい方向に回答してしまうことも多々ある。つまり，被検査者の意図的・無意識的な誤りが混入しやすい。このような回答の歪みを防ぐために，ライスケール（lie scale）を設けるなどの工夫を凝らす場合もある。

　よく知られている質問紙法によるパーソナリティ検査としては，ミネソタ多面人格目録（Minnesota multiphasic personality inventory；MMPI）やモーズレイ性格検査（Maudsley personality inventory；MPI），矢田部・ギルフォー

ド性格検査（Y-G 性格検査），EPPS 性格検査（Edwards personal preference schedule），東大式エゴグラム（TEG）などがある。

(2) 投影法

　投影とは，本来は自分自身がもっている感情や思考を外界に投げ出して，それを他者が有するものであるとみなす防衛機制の一種である。投影法は投影の機能を利用して，被検査者の無意識レベルにある欲求や願望，動機づけ，心的葛藤，対人関係のパターン，衝動性などのパーソナリティの諸側面を明らかにしようとする心理検査である。通常，投影法では曖昧な漠然とした刺激が提示され，被検査者はその刺激に対して自由に反応することが求められる。そして被検査者の反応の内容や傾向などから，個人のパーソナリティを推測する。投影法は質問紙法とは異なって，刺激材料も反応形式も非構造的である。そのために被検査者が意図的に反応を歪めることは難しく，無意識的な側面が引き出されやすくなる。すなわちパーソナリティの表層的な側面だけでなく，深層的な側面までも幅広く把握することが可能で，パーソナリティを総合的に理解するための豊かな情報源になると考えられている。被検査者の反応は人によってさまざまであり，決して同じものはない。そのために統計学的な検討をすることが難しく，検査の妥当性や信頼性が立証されていない。また質問紙法とは違い検査を実施するにも，検査の結果を解釈するにも熟練を要し，誰にでも手軽に活用できるものではない。

　代表的な投影法としては，ロールシャッハ・テスト（Rorschach test），主題統覚検査（thematic apperception test；TAT），児童統覚検査（children's apperception test；CAT），樹木描画テスト（baum test），家屋－樹木－人物画テスト（house-tree-person test；HTP），文章完成法テスト（sentence completion test；SCT），絵画欲求不満テスト（picture-frustration study：P-F スタディ），言語連想検査などがある。

4 知能と知能検査

(1) 知能検査

　知能の定義は研究者によってさまざまであるが，ウエクスラー（Wechsler, D., 1896-1981）による「目的的に行動し，合理的に思考し，能率的にその環境を処理しうる総合的，全体的能力」という定義がよく知られている。世界で初めて知能検査の開発に成功したのはフランスの心理学者であるビネ（第1章参照）と医師のシモン（Simon, T., 1873-1961）である。彼らは1905年に，学業不振の児童に対して学業不振の原因が知的能力の問題に由来するのか，それとも怠学や非行に由来するのかを判別して，学校教育の適否を判定するために知能検査を作成した。1908年の改訂版では，特定の年齢での正解率が75％になるように問題を設定して，どの年齢の課題までが正答可能かを調べることで，精神年齢（mental age；MA）の算出を可能にした。そして精神年齢と生活年齢（chronological age；CA）との比較から知能を推定した。

　ビネの知能検査はアメリカに渡り，スタンフォード大学のターマン（Terman, L.M., 1877-1956）がアメリカの児童にも適用できるように工夫して，1916年にスタンフォード改訂増補版ビネー・シモン知能検査を作成した。ターマンの知能検査の大きな特徴は，シュテルン（第2章参照）が提唱した知能指数（intelligence quotient；IQ）を採用したことである。知能指数を求める公式は「IQ＝MA÷CA×100」である。知能指数は正規分布することが実証されており，発達過程において恒常的なものであると仮定された。スタンフォード・ビネー知能検査は現代でも改定を重ね，さまざまな心理場面で活用されている。アメリカでは2003年に第5版が作成され，日本では田中ビネー知能検査Ⅴ（2005年）や改訂版鈴木ビネー知能検査（2007年）が使用されている。

　アメリカのベルビュー病院のウエクスラーは，スタンフォード・ビネー知能検査では言語能力に重点がおかれ成人の検査には適さないという考えから，1939年にウエクスラー・ベルビュー知能検査を開発した。

　当時のウエクスラーの知能検査の特徴は，動作性検査と言語性検査の2種の

検査から構成されたことである。両検査の得点差やそれぞれの下位尺度の得点のバラツキから，個人の知能の構造を診断的に把握することができた。また知能指数の算出方法も変更された。シュテルンが考案した知能指数の公式だと，精神年齢をもとに知能指数を算出するので，児童には適用可能だが成人には適用できない。たとえば4歳児と6歳児の精神年齢を識別する課題を作成することはできるが，24歳と26歳の精神年齢を識別する課題を作ることはできない。そこでウエクスラー・ベルビュー知能検査では年齢集団ごとの平均得点を定め，個人の得点をその平均得点で割るようにした。知能指数を算出する式は「IQ＝個人のテスト得点÷当該年齢集団の平均得点×100」である。そうすることで成人にも知能指数を算出することが可能になった。

しかし，この算出方法だと個人の知能がその人の年齢集団の平均からどれだけ優れているか（劣っているか）がわからない。個人の知能指数に対して当該の年齢集団内での位置付けができないのである。そこで，1981年から偏差知能指数（division IQ；D-IQ）を算出するようになった。偏差知能指数は平均値が100で標準偏差が15となるように，知能指数が標準得点化されている。偏差知能指数を算出するための式は，「D-IQ＝（個人のテスト得点−当該年齢集団の平均得点）÷当該年齢集団の標準偏差×15＋100」である。平均が100であり，標準偏差が15となっているので，100±15の得点範囲の人が全体の約68％を占めている。現在では，知能指数といえばこの偏差知能指数のことを示している。

ウエクスラー式知能検査は1949年に児童用検査であるWISC（Wechsler intelligence scale for children）が開発され，1955年には成人用検査であるWAIS（Wechsler adult intelligence scale）が，1966年には幼児用検査であるWPPSI（Wechsler preschool and primary scale of intelligence）が作成された。これらの検査の改定は現在でも定期的になされており，アメリカではWAIS-Ⅳ（2008），WISC-Ⅴ（2018），WPPSI-Ⅳ（2012）が作成された。日本では日本版WAIS-Ⅳ成人知能検査（2018），日本版WISC-Ⅳ知能検査（2010），日本版WPPSI-Ⅲ知能検査（2017）が開発されている。

(2) 知能の理論

　ビネやウエクスラーらは知能検査の開発を行ったが，その流れと並行して知能の理論的研究も行われた。特に知能が何種類の因子で構成されているのかという問題については古くから議論されてきた。スピアマン（Spearman, C.E., 1863-1945）は，知能をあらゆる検査課題に共通して認められる一般因子（general factor；g 因子）と個々の課題によって変化する特殊因子（special factor；s 因子）の 2 因子で構成されているという 2 因子説を提唱した。そして g 因子は知能の総量に関係して遺伝的要因に影響され，s 因子は特定の検査課題に限定された能力に関係して学習や経験に影響されると考えた。

　スピアマンの 2 因子説に対してサーストン（Thurstone, L.L., 1887-1955）は，因子分析を用いて g 因子を細かく分析して，知能には「言語能力」「空間」「記憶」などの 7 つの因子があると主張した（多因子説）。キャッテル（p.63 参照）は g 因子をさらに 2 つの要素に分けて，g 因子が流動性知能（fluid intelligence；Gf）と結晶性知能（crystallized intelligence；Gc）との 2 つの因子で構成されると考えた。流動性知能は文化や言語の影響を受けていない生得的な知能であり，新規な場面での適応や問題解決に関係する。結晶性知能は文化や言語や経験のうえに培われた知能であり，過去の学習経験に基づく判断や理解が反映される。

　ギルフォード（Guilford, J.P., 1897-1987）は，知能を情報処理の視点からとらえて，種類（与えられた情報の種類），所産（情報の概念化の仕方），操作（心的操作の仕方）の三次元からなるモデルを示した。ガードナー（Gardner, H., 1943- ）は知能の範囲を幅広くとらえて，知能には言語，論理 – 数学，音楽，身体運動，空間，対人関係，内省，博物学の 8 種類があるとした多重知能理論（multiple intelligence theory）を示した。スタンバーグ（Sternberg, R.J., 1949- ）は知能を分析的知能，創造的知能，実際的知能の 3 つのバランスのうえで成り立っているとする三頭理論（triarchic theory of intelligence）を提示した。

　現在，知能の理論として最も注目を集めているのが CHC 理論である。この理論は知能研究の主流となっている。CHC とはキャッテル，ホーン（Horn, J.L.,

1928-2006), キャロル (Carroll, J.B., 1916-2003) の頭文字をとったものであり，CHC理論はこの3人の研究を統合したものである。キャッテルは，前述のようにスピアマンのg因子を流動性知能と結晶性知能とに二分した。ホーンはキャッテルと共に研究を行い，g因子は100程度のさまざまな能力が集まったものであり，それを大別すると流動性知能と結晶性知能とになると考えた。さらにキャッテルの考えを拡張して，知能は流動性知能と結晶性知能との2因子だけではなく，視覚的知能，聴覚的知能，認知的処理速度，読み書き能力などの多因子で構成されていると主張した。キャロルは知能が3つの層構造をもつと考えて，知能の3層理論を提唱した。キャロルによれば，最上層（3層目）にはスピアマンのg因子が位置付けられており，中間層（2層目）にはホーンの能力因子とほぼ一致した能力因子が置かれ，最下層は約70の項目からなる特殊な能力因子（限定能力）で構成されている。この3人の理論を統合して精緻化したのがCHC理論である。ウエクスラー式知能検査の4版以降はCHC理論に立脚しており，カウフマン (Kaufman, A.S., 1944-) によるKABC-Ⅱ (Kaufman assessment battery for children second edition, 2004) もCHC理論をとりいれている。

演習

自己理解のための心理テスト
　これから"Who am I?"テスト，あるいは20答法（twenty statement test）という簡単な心理テストを紹介します。

(1) 手　順
　紙と鉛筆を用意して，まず紙に「私は，＿＿＿＿＿＿＿＿」という言葉を20個，番号を振りながら書いていきます。書き終わったら「私は，」の後に続く言葉を思いつくまま自由に書き込みます。制限時間は特にありませんが，集団で実施する場合には目安として10分から15分程度の時間で書きます。あまり深く考えないで，無理にでも20の言葉を書き込んでください。

(2) 振り返り
　書き終わったら上から順番に読み返してみます。20の文章を記述内容から分類してみます。まず大まかに分けると自己の客観的特徴と内面的特徴の2つに分けることができます。客観的特徴は性別，身分，社会的役割，所属など客観的な事実に関する記述内容です。内面的特徴は性格や行動傾向，興味，好みなど，個人的な内面に関する記述内容です。この内面的特徴は，さらに①肯定的感情，②否定的感情，③肯定・否定が混じった感情に分けることができます。
　あなたは客観的特徴と内面的特徴のどちらの比重が大きかったでしょうか。この比重から，あなたが自己の外的側面を重視するのか内的側面を重視するのかが推測できます。また肯定的感情と否定的感情のどちらが多かったでしょうか。どちらが多いかで自己一致や自己評価の度合いを推量することができます。
　他にも，あなたの答えをいろいろと振り返ってみてください。普段は意識していない自分の側面を発見できるかもしれません。

● 参考文献
　　星野命：二〇答法，詫摩武俊・鈴木乙史・清水弘司・松井豊 編：シリーズ・人間と性格 第6巻　性格の測定と評価，ブレーン出版，pp. 137-155, 2000

第5章
自己形成と社会性の発達

　私たち人間は，決して一人で生きていくことはできない。親や友人や恋人など，身の回りの人たちと互いに影響し合い，成長していく。そのために私たちは，家族や学校や地域などさまざまな社会に属して生活をしている。社会に属して生活していく中で，仲間から精神的なサポートを受けたり，仲間と比較することで自分を知ったり，仲間から認められることで自尊心を高めたりと，さまざまな経験をする。このように，社会の中で生活をしていくことは，私たちの成長に大きな影響を与えている。しかし時には仲間同士でうまくコミュニケーションがとれず，思い悩むこともある。円滑に社会の中で生きていくためには，まずは自分自身を知らなければならない。そして自分と他者の違いを理解したうえで，他者の立場に立って考えることが必要となる。

1　自己形成

(1) 自己の芽生え

　ジェームズ（第1章参照）は，自己を「主体としての自己（self as knower）」と「客体としての自己（self as known）」という二側面に分けた。主体としての自己とは「自分は何者か」を問いかけている自己であり，客体としての自己は「自分は○○という人間だ」ということを意識している自己である。すなわち，主体としての自己の中から意識化された自己が，客体としての自己となる。
　しかし生後間もない乳児は，自己と他者の区別がない未分化な状態であるため，「自己」を認識することができない。ではいつ頃から「自己」を理解する

ことができるようになるのであろうか。

　乳児に鏡を見せ，鏡に映った姿に対してどのように反応するかという実験を行うと，生後数か月の乳児は鏡に映っている鏡像と自己の区別がなく，鏡像の自分に向かって他者に対する働きかけと同じような反応を示す。子どもに気付かれないように鼻に口紅などで色を付けて，鏡に映った自分の姿にどのように反応するかを観察すると，1歳半から2歳頃には鏡に映った姿を見て自分の鼻を気にするようになる。これは鏡像が自分の姿であるということを認識できたことを示す。

　マーラー（Mahlar, M.S., 1897-1985）[1]は，自他が未分化な状態から，母親から分化し個としての自己の認識ができるまでの過程を，分離 ― 固体化過程から説明している（表5-1）。マーラーによれば，自己と他者との区別が正確に

表5-1　マーラーの分離 ― 固体化過程

月　齢	発達期		状　態
1〜2か月	正常な自閉段階		自他が未分化。
4〜5か月	正常な共生段階		欲求を満たしてもらえる対象（主に母親）を自己と区別し始める。欲求を満たしてもらえる対象は自分と一体となり共生している。
9か月	分離固体化段階	分化期	母親と母親以外の他者との区別をし始める。身体的自己が芽生え始める。
15か月		練習期	母親との一体感という感覚から抜け始め，母親との分離を始める。
24か月		再接近期	母親との分離が始まり，自分は母親とは異なった存在であるという認識をもつようになる。一方で，自律的行動をとることが不可能であるため，アンビバレントな時期。
36か月		情緒的対象恒常性	自らが時間的にも物理的にも連続性，一貫性をもった存在であるという認識をもつ。そして，母親との安定した信頼関係をもつ。時間的にも物理的にも母親は連続し一貫した存在であることを理解する。母親のイメージを内在化できるようになる。そのため，母親のいない場所で過ごすことが可能になる。また，母親以外の人間への関心が高まり，子ども同士で遊ぶこともできるようになる。

(Mahlar, 1975)

認識できるようになるのは，情緒的対象恒常性が獲得される2～3歳頃である。この時期に人は初めて「個」を理解できるようになる。そして自他が区別できるようになることにより，客観的に自己をとらえることが可能となり，客体としての自己が理解できるようになるのである。

また，2歳後半から4歳頃にかけて，親の指図に対して何でも「いや」と逆らったり拒否したりする第一反抗期がみられるようになる。これは，自己意識の芽生えに伴ってみられる現象であり，自分で何かしようという考えが強くなり，大人の世話や干渉から逃れようと身体的自立を主張することから生じるものである。

(2) 自己意識の深まり

自己と他者の区別ができるようになると，親などの重要な他者を自分自身に取り入れ，その人と似た存在になろうとする。これを同一視という。最初に同一視の対象となるのが親（養育者）である。そして同性の親や異性の親をモデリングすることにより，性の違いを理解し，自らの性的自己意識を獲得していく。そして次第に生活の範囲が広がるにつれ，同一視をする対象が親から教師や友人へと広がっていく。児童期には学校での生活が主たる生活の場となり，同世代の友人との関係が親密になっていく。そして友人との関係を通して，身体能力や学業成績，パーソナリティなど，他人と自分との違いを意識するようになり，自己意識が深まっていく。

また自己意識の内容は，外面的なものから内面的なものへと変化していく。幼児期では，「私の名前は○○です」「私は○歳です」といったように，客観的な判断が可能な，外面的な情報のみによって自己意識が構成される。しかし児童期になると，情報が具体化され，自分の性格などの内面的な内容も取り入れられるようになる。さらに年齢が上がるに従って，身体的な特徴などの客観的な記述が減少し，「私にとって友人とは～です」「私は保守的な人間です」など，価値観や信念または関心といった，内面的な記述へと変化していく。このような自己意識の内面的な記述は，多くの自己に関する情報を自分自身で再考し，自己意識を再構成された結果得られたものである。

(3) 自己意識の再構成

　思春期には，大人の世話や干渉に反発したり，一般社会に対して疑問をもち，反抗したりするようになる。この時期を，幼児期の身体的自立によってみられる第一反抗期と区別して，第二反抗期という。児童期までは，周囲の大人たちの意見を絶対的なものとしてとらえ，それに対して疑問をもつことはあまりない。しかし認知的発達が進み形式的操作期に入ると，大人や社会の意見に対して，意味や理由を求めようとする。また，自らの自己についての内省を試みるようになる。それ以前は，周囲の価値観や周囲の反応をそのまま取り入れて自己意識を構成していたが，この段階になるといったん自分なりに考え，それらを取捨選択したり修正したりして，自己意識の中に取り込もうとする。そして再構成された自分の価値観や主張と，周囲の大人や社会のとらえ方に相違をみつけると，激しく反発を覚えるのである。第二反抗期は，このような精神的自立を主張しようとするために生じる現象であり，自己意識の再構成にとって，非常に重要な意味をもつ。

　またこの時期は，過剰に自己に関心が向かう特徴があり，極端に自己中心的になる。それゆえ周囲の人から常に見られているというような感覚をもち，他者から自分がどのように見られているかが非常に気になるようになる。このようなことから，人に接することに敏感となり，対人恐怖や対人不安を訴える青年が増える傾向がある。また従来の青年は，人と人が出会い顔見知りになる場面において対人恐怖的な心性を示しやすい傾向にあったが，近年では顔見知りの関係からより親密な関係になる場面において対人恐怖的な反応を示す青年が増加してきていることが指摘されている。このような心性を，対人恐怖症と区別して「ふれあい恐怖心性」という。

(4) アイデンティティの確立

a．エリクソンの発達理論－青年期

　エリクソン（第2章参照）は，心理・社会的発達理論の第5段階の青年期の課題として，「アイデンティティ　対　アイデンティティ拡散」を挙げている。アイデンティティとは，「自分とは何者か」の問いへの答えであり，アイデンティ

ティの感覚を,「内的な不変性と連続性を維持する各個人の能力が,他者に対する自己の意味の不変性と連続性とに合致する経験から生まれた自信」と定義している[2]。この定義は,「自分は誰でもない,唯一無二の存在である」「過去から現在,そして将来も変わらない自分である」という点を,他人も同様に認めているという安定感からくる自信のことを意味する。

さらにエリクソンは青年期をモラトリアム期であると述べている。モラトリアムとは,本来経済用語で「猶予期間」という意味をもつ。エリクソンはその意味を青年期に当てはめ,成人になるための模索期間であり,社会的な責任を猶予された時期という意味として,この用語を用いた。青年期になると,友人関係や親子関係,恋愛,進路選択など,さまざまな課題に直面する。そしてその課題に関して,さまざまな可能性を模索しながら,自分自身で決断を下していかなくてはならない。その過程で常に「自分とは何者か」という問いに対峙していくことになる。課題に直面したばかりの頃は,自分がどうしたいのか,どこに向かおうとしているのかがわからなくなり,混乱することもある。この状態がアイデンティティ拡散である。このアイデンティティ拡散の状態から,自己に直面し自己決定していくプロセスを経て,アイデンティティが確立していくこととなる。モラトリアム期に青年は,さまざまな課題に直面していく中で将来に向けてじっくりと自己について考え,自らのアイデンティティを確立していくことが求められるのである。

b．アイデンティティ・ステイタス

またマーシャ（Marcia, J.E.）[3]は,アイデンティティの状態をアイデンティティ・ステイタスという概念を用いて説明した（**表**5-2）。アイデンティティ・ステイタスは「探求」と「積極的関与」の2つの側面により,4つのステイタスに分類される。「探求」とは,意志決定を迫られた際に,いくつかの選択肢について探求したり自己決定をしたりした経験のことをいう。「積極的関与」とは,自己決定した者に対して,どの程度傾倒しているのかという状態をいう。

表5-2 アイデンティティ・ステイタス

ステイタス		探求	積極的関与	概　要
アイデンティティ達成		有	有	自分自身で生き方や価値観などについて真剣に考え悩み，自ら意志決定を行いそれに基づいて行動している。環境の変化にも柔軟に対応でき，安定した人間関係を保つことができる。
モラトリアム		最中	しようとしている	現在いくつかの選択肢の中で悩んでおり，意志決定に向けて模索している状態。行動に曖昧さがみられる。
フォークロージャー		無	有	自らの価値観や生き方を主体的に模索することなく，周囲の規範や親の考えなどをそのまま受け入れている。一種の固さ（融通のなさ）が特徴。
アイデンティティ拡散	危機前	無	無	今までに自分自身について考慮した経験がなく，自らの目標などについて想像することが困難。
	危機後	有	無	「積極的関与をしないことに積極的に関与している」という特徴がある。すべてのことが可能であり可能なままにしておかなければならない。

(Marcia, 1966)

2　社会性の発達

(1) 道徳性の発達

a．フロイトの3つの心的装置

　フロイトは人の心は3つの心的装置（イド，自我，超自我）によって構成されているという心的装置理論を提唱した（第4章参照）。イドとは「～がしたい」「～が欲しい」という無意識的な本能的欲望や生理的衝動であり，快楽原則に従うものである。そして自我は，イドを現実的状況や対人関係的条件に合わせてコントロールするものであり，イドと超自我を現実原則に従って調整する機能をもつ。超自我は，親のしつけによって取り込まれた道徳的規範であり，イ

ドの快楽原則に従う本能的欲望を検閲し抑圧する役割を果たす。良心の機能をもち，後悔や罪悪感をもたらすものとされる。つまり心的装置理論に基づけば，超自我の形成に伴って，道徳性意識が芽生え始める。超自我の形成は4，5歳頃とされており，この時期に罪悪感が出現する。

b．ピアジェの認知発達段階論

またピアジェは，認知発達段階論に基づいて道徳性の発達を説明している（第2章参照）。前操作期の子どもは直観的思考が強く，論理的かつ客観的に物事をとらえることが困難である。そのため，大人の判断や決まりに従って判断しようとする。このような判断を他律的判断という。他律的判断の特徴は，大人を絶対的な存在ととらえ，大人の権威のもとに規則や義務が存在し，権威に従おうとする。また規則は神聖なものであり，変えることはできないと考える。さらに直観的思考が強いため，意図や動機による動機論的判断よりも，単純で直観的である結果論的判断をする傾向がある。しかし具体的操作期に入ると，直観的思考が薄れ論理的な思考が可能になるため，自ら論理的に判断を下すことが可能になる。このように自らの基準に基づいて判断することを自律的判断という。他律的判断から自律的判断への移行は，8〜9歳頃とされる。自律的判断の特徴は，具体的操作期の特徴である脱中心化により，自己と他者の相互の立場に基づき，平等主義的な判断が可能になる。また合法的な手続きのもとでは，合意によって規則は変えられるという考え方ができるようになる。

c．コールバーグの道徳性の発達

コールバーグ（Kohlberg, L., 1927-1987）[4]は自律的判断と他律的判断というピアジェの二分法的なとらえ方をさらに発展させ，6段階の道徳性の発達を提唱した（表5-3）。

コールバーグの道徳性の発達による各段階の出現頻度は，小学校高学年では第3段階が優勢であるが，中学生から高校生になるにつれ第4段階が多くみられるようになる。大学生では第5段階もみられるようになる（図5-1）[5]。

表 5-3　コールバーグの道徳性の発達

Ⅰ．慣習以前レベル 　第一段階－罰と服従志向 　　行為の結果が，人間にとってどのような意味や価値をもとうとも，その行為がもたらす物理的結果によって，行為の善悪が決まる。罰の回避と力への絶対的服従が，ただそれだけで価値あることと考えられる。 　第二段階－道具主義的相対主義志向 　　正しい行為とは，自分自身の必要と，時に他者の必要を満たすことに役立つ行為である。人間関係は，市場主義の取引関係に似たものと考えられる。構成，相互性，等しい分け前等の要素が存在するが，常に物理的な有用性の面から考えられる。相互性も「あなたが私の背中をかいてくれたから，私もあなたの背中をかいてあげる」式の問題であって，忠誠や感謝や正義の問題ではない。
Ⅱ．慣習的レベル 　第三段階－対人関係の調和あるいは「良い子」志向 　　善い行動とは，人を喜ばせ，人を助け，また人から承認される行動である。多数意見や「自然な」行動についての紋切り型のイメージに従うことが多い。行動は，しばしばその動機によって判断される。「彼は善意でやっている」ということが初めて重要になる。「良い子」であることによって承認を勝ち得る。 　第四段階－「法と秩序」志向 　　権威，定められた規則，社会的秩序の維持などへの志向がみられる。正しい行動とは，自分の義務を果たし，権威を尊重し，既存の社会秩序を，秩序そのもののために維持することにある。
Ⅲ．慣習以後の自律的，原理的レベル 　第五段階－社会契約的遵法主義志向 　　概してこの段階には，功利主義的なところがある。正しい行為は，一般的な個人の権利や，社会全体により批判的に吟味され，合意された基準によって規定される傾向がある。個人的価値や意見の相対性が明瞭に認識され，それに呼応して，合意に至るための手続き上の規則が重視される。正しさは，憲法に基づいて民主的に合意されたもの以外は，個人的な「価値」や「意見」の問題とされる。その結果，「法の観点」が重視されるが，社会的効用を合理的に勘案することにより，法を変更する可能性が重視される。法の範囲外では自由意志に基づく合意と契約が，人間を拘束する義務の要素となる。 　第六段階－普遍的な倫理的原理志向 　　正しさは，論理的包括性，普遍性，一貫性に訴えて自ら選択した倫理的原理に一致する良心の決定によって規定される。これらの原理は，抽象的かつ倫理的であり，十戒のような具体的道徳性ではない。もともとこれらの原理は，人間の権利の相互性と平等性，一人ひとりの人間の尊厳性の尊重など，正義の普遍的諸原理である。

(Kohlberg, 1971)

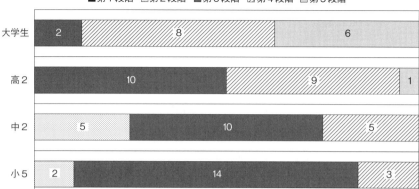

図 5-1　コールバーグの道徳性の年齢ごとの発達段階の分布
(山岸, 1976)

(2) 共感性の発達

ホフマン（Hoffman, M.L.）は，共感性を他者の置かれている状況に適した感情的反応と定義付けている[6]。そして他者の苦しみや悲しみを目撃した際に共感的苦痛を感じた場合，相手を援助することによりその人の苦痛を和らげることができ，それに伴い自分の共感的苦痛も和らぎ，共感的な安心感をもつことができる。すなわち共感的苦痛は向社会的行動の動機となるのである。そこでホフマンは，共感的苦痛を発達的に説明している（**表 5-4**）。

(3) 役割取得の発達

対人関係を円滑に築くためには，他人を思いやり尊重することが大切である。このような相手の立場を理解し，相手の気持ちを推測する能力を役割取得能力という。役割取得能力は，①自分と他者の違いを意識すること，②他者の感情や思考などの心の内側を推測すること，③それに基づいて自分の役割行動を決定することが含まれる。セルマン（Selman, R.L., 1942-）は役割取得能力の発達を5段階で説明している（**表 5-5**）[7]。

表 5-4 共感的苦痛の発達

段　階	時　期	特　徴
新生児の反応的泣き	誕生〜6か月頃	他の子どもの泣きにつられて泣く。他の赤ん坊の泣き声に対する自動的な模倣と，赤ん坊の過去の痛みや不快な経験と結び付いた手がかりについての苦痛の反応としての条件づけとの組み合わせによって生じる。
自己中心的な共感的苦痛	6か月頃〜1歳	自分と他人を別々の存在としてみるようになるが，他人に起きていることと自分に起きていることとの区別が曖昧。そのため，泣いている子をじっと見つめた後に相手の情動に圧倒されて泣き出し，相手の苦痛を軽減させるために慰めるといった行動をするのではなく，自分の苦痛を軽減させるために親に慰めてもらおうとするといった行動をする。
疑似自己中心的な共感的苦痛	1〜2歳	他人が自分とは別の身体的存在であることを理解する。そのため，他人が痛みや不快な状態にあることがわかり，相手を助けようとする向社会的行動がみられるようになる。しかし，いまだ自己中心的であるために，自分が慰めてもらいたい方略を使って慰めようとする。たとえば友だちが泣いていると，悲し顔をしてその友人の手をやさしく取り，そばにその友人の母親がいるにもかかわらず，自分の母親のところへ連れて行くといった行動をする。
本当の共感的苦痛	幼児期	情動の原因や結果，情動の間の関係について理解し始める。同じ出来事でも人によって異なる感情が生じることを理解できるようになる。また，個々の状況で他人が感じる情動を判断することで，その人の願望を説明することができるようになる。それと同時に，おもてに表された情動が必ずしも実際に感じているものとは一致しないことがわかる。
本当の共感的苦痛	児童期	他人の最近の経験に基づいてその人の感情を推測することが可能になる。他者の過去の出来事から，その人の将来を展望できる。たとえば，過去に犬に噛まれた経験のある友だちは，きっとこの先犬を飼いたいとは思わないだろうと考える。
本当の共感的苦痛	青年期	ある人がある状況で感じていることとその状況で一般的に期待されている感情との間の不一致を埋めることができるようになる。たとえば幸福であるべきときに悲しく見える人は，悲しくあるべき状況で悲しく見える人よりも，悲しく感じているであろうと推測できるようになる。また，援助を必要としている人が，必ずしも助けられることを望んでいるわけではないということを理解できる。

(Hoffman, 2000)

表 5-5　役割取得能力の発達段階

レベル0	自己中心的役割取得（3～5歳） 自分と他者の視点を区別することが難しい。同時に，他者の身体的特性を心理面と区別することが難しい。
レベル1	主観的役割取得（6～7歳） 自分の視点と他者の視点を理解するが，同時に関連付けることが難しい。また，他者の意図と行動を区別して考えられるようになり，行動が故意であったかどうかを考慮するようになる。ただし，「笑っていれば嬉しい」といった表面的な行動から感情を予測しがちである。
レベル2	二人称相応的役割取得（8～11歳） 他者の視点から自分の思考や行動について内省できる。また，他者もそうすることができることを理解する。外から見える自分と自分だけが知る現実の自分という2つが存在することを理解するようになる。したがって，人と人とが関わるときに他者の内省を正しく理解することの限界を認識できるようになる。
レベル3	三人称的役割取得（12～14歳） 自分と他者の視点以外，第三者の視点をとることができるようになる。したがって，自分と他者の視点や相互作用を第三者の立場かお互いに調整し考慮できるようになる。
レベル4	一般化された他者としての役割取得（15～18歳） 多様な視点が存在する状況で自分自身の視点を理解する。人の心の無意識の世界を理解し，主観的な視点をとらえるようになり，「言わなくても明らかな」といった深いところで共有される意味を認識する。

(渡辺, 2001)

③ 仲間関係の発達

(1) 幼児期の仲間関係

　幼児期に入ると子どもは遊びを通して，同世代の仲間関係をつくるようになっていく。遊びは，はじめはひとり遊びもしくは大人が働きかけることにより成立するが，次第に同世代との集団遊びへと広がっていく。パーテン（Parten, M.B., 1902-1970）は，幼児の同世代の仲間との遊びの発達を6つに分類して説明している。

　① ぼんやり：遊びに関わることなく，ぼんやり眺めている。

② ひとり遊び：他の子どもが近くにいても，お互い関わることなくそれぞれ異なる遊びに興じている。
③ 傍観的行動：他の子どもの存在を意識し，遊んでいる様子を傍観しているが，遊びに加わろうとしない。
④ 並行遊び：近くにいる子どもと同じ遊びをしているが，お互いに交流をもたない。
⑤ 連合遊び：複数の子どもと交流をもちながら同じ遊びに興じているが，はっきりとしたルールや役割分担をもたない。
⑥ 協同遊び：遊びにはっきりとしたテーマがみられる。集団での遊びの中にそれぞれの役割分担があり，組織化された遊びが展開される。

(2) 児童期の仲間関係

a．友人概念の発達

ビゲロー（Bigelow, B.J.）は，友人概念の発達を3段階で説明した[8]。

① ステージ1：報酬－コストの段階（小学2，3年生～）
   近くに住む，クラスが同じなど，行動を共にすることが多く，「好きなゲームを持っているから」というように自分が希望するように遊んでくれる関係。
② ステージ2：規範的段階（小学4，5年生～）
   規範やルール，価値を共有し，忠誠が期待される。
③ ステージ3：共感的段階（小学5，6年生～）
   相互理解や共感ができ，親密な自己開示が求められる。

b．ギャングエイジ

ビゲローの発達段階のステージ2にあたる小学校中学年頃には，クラスの友人同士で秘密の基地ごっこや，仲の良いグループで交換日記をするなど，継続的に群れて遊ぶようになる。このように親や教師から自立し子ども同士の同性の小集団をつくって遊ぶ時期をギャングエイジ（徒党時代）という。またこの集団をギャング・グループという。ギャング・グループでは，グループの成員間で秘密を共有し，集団内で個々の役割分担や，その集団独自のルールや約束を決め，仲間意識を高め合う。こうした活動を通して，集団内での自分の存在

の意味を見いだし，所属意識を高め，集団への忠誠心をもつようになる。また，集団内の秘密やルールを遵守しようとすることで，責任感を身に付けていく。このようにギャング・グループでの活動は，子どもの社会性の発達に大きな役割を果たす。さらに，グループ内でトラブルが起きた際には大人の力を借りずに自らで問題を解決しなければならないことから，問題解決能力も養われる。このように，ギャング・グループは子どもの発達において非常に大きな役割を果たすものである。しかし，ギャングエイジは仲間同士での活動がエスカレートしていくことにより，しばしば反社会的行動を引き起こすこともある。近年では，子どもの遊び空間の減少，テレビゲームやインターネットの普及による遊びの変化，授業後の習い事の増加などにより，ギャング・グループをつくって遊ぶ機会が減少してきている。このような現象は，これからの子どもの社会性の発達に否定的な影響を及ぼす可能性が懸念される。

(3) 青年期の仲間関係

a．チャム・グループ

思春期に入ると，第二反抗期に伴い，精神的なサポートを親の代わりに友人が担うようになる。特に中学生の頃は，仲間と同じ行動や話題を共有することで仲間意識を高めるようになる。このように，同じ趣味や価値観をもった者同士のグループを，チャム・グループという。チャム・グループは同質性が求められ，異質なものを排除しようとする特徴がある。この時期はアイデンティティがまだ確立されておらず，自分自身を受け入れることが困難であるために，仲間との共通点を確認し仲間に受け入れられているということを確認し合うことで自分の居場所を求めようとすることが，この特徴の背景にある。同質性を重視することから，時に同調圧力がかかり，異質な者を排除しようとする力が働くこともあり，いじめへとつながりやすい。

また，学級の中でグループ間の序列がつくられ，グループ間で力関係が生じ，学校適応に影響を及ぼすこともある。このような現象を，インドのカースト制度になぞらえて，スクールカーストという。スクールカーストの地位の特徴としては，高地位のグループはより活発で異性との交流も多く，低地位のグループは地味でおとなしいということが挙げられる。また，高地位のグループは学

級内で支配的な行動が多く,低地位のグループは高地位のグループに支配され抑圧的になり,学校適応感も低くなりやすい。

b．ピア・グループ

高校生頃になると,チャム・グループのように同質性を重視するのはなく,個々の違いを理解し,その違いを尊重するような仲間関係がつくられるようになる。このような関係のグループを,ピア・グループという。アイデンティティの確立に伴い,他者と自己との違いを受け入れられるようになり,また自己を主張できるようになる。そして他者と異なる主張をしたとしても,排斥されるかもしれないというような圧力を感じることはなくなり,対人ストレスは低くなり安定的な友人関係が構築されるようになる。

演習

自分のアイデンティティの状態を確認しよう（加藤,1983）

以下の文章を読み,現在のあなたの生き方や気持ちにあてはまる数字に○をつけて答えてください。

	まったくそのとおりだ	かなりそうだ	どちらかといえばそうだ	どちらかといえばそうではない	そうではない	全然そうではない
現在の自己投入						
①私は今,自分の目標をなしとげるために努力している	1	2	3	4	5	6
②私には,特にうちこむものはない	1	2	3	4	5	6
③私は,自分がどんな人間で内を望みおこなおうとしているのかを知っている	1	2	3	4	5	6
④私は,『こんなことがしたい』という確かなイメージを持っていない	1	2	3	4	5	6
過去の危機						
⑤私はこれまで,自分について自主的に重大な決断をしたことはない	1	2	3	4	5	6
⑥私は,自分がどんな人間なのか,何をしたいのかということを,かつて真剣に迷い考えたことがある	1	2	3	4	5	6
⑦私は,親やまわりの人の期待にそった生き方をすることに疑問を感じたことはない	1	2	3	4	5	6
⑧私は以前,自分のそれまでの生き方に自信が持てなくなったことがある	1	2	3	4	5	6
将来の自己投入の希求						
⑨私は一生懸命にうちこめるものを積極的に探し求めている	1	2	3	4	5	6
⑩私は,環境に応じて,何をすることになっても特にかまわない	1	2	3	4	5	6
⑪私は,自分がどういう人間であり,何をしようとしているのかを,今幾つかの可能な選択を比べながら真剣に考えている	1	2	3	4	5	6
⑫私には,自分がこの人生で何か意味あることができるとは思えない	1	2	3	4	5	6

<結果の整理>
　以下の数式に各項目の点数を当てはめて『現在の自己投入』『過去の危機』『将来の自己投入の希求』の得点を算出し，図の流れ図から自分の同一性地位（アイデンティティ・ステイタス）を確認しましょう。

『現在の自己投入』得点

　　14＋（①　　）－（②　　）＋（③　　）－（④　　）＝ □

『過去の危機』得点

　　14－（⑤　　）＋（⑥　　）－（⑦　　）＋（⑧　　）＝ □

『将来の自己投入の希求』得点

　　14＋（⑨　　）－（⑩　　）＋（⑪　　）－（⑫　　）＝ □

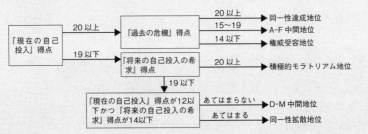

<解説>
・同一性達成地位：過去に高い水準の危機を経験したうえで，現在高い水準の自己投入を行っている
・A-F中間地位：中程度の危機を経験したうえで，現在高い水準の自己投入を行っている
・権威受容地位（フォークロージャー）：過去に低い水準の危機しか経験せず，現在高い水準の自己投入を行っている
・積極的モラトリアム地位：現在は高い水準の自己投入は行っていないが，将来の自己投入を強く求めている
・D-M中間地位：現在の自己投入の水準が中程度以下のもののうちで，その現在の自己投入の水準が同一性拡散地位ほどには低くないが，将来の自己投入の希求の水準が積極的モラトリアム地位ほどには高くない
・同一性拡散地位：現在低い水準の自己投入しか行っておらず，将来の自己投入の希求も弱い

●参考文献
加藤厚：大学生における同一性の諸相とその構造，教育心理学研究，(31) 4. 292-302, 1983

●引用文献

1) Mahlar, M.S.：The Psychological Birth of the Human Infant, Basic Books, 1975（高橋雅士・織田正美・浜畑紀訳：乳幼児の心理的誕生，黎明出版，1981）
2) Erikson, E.H.：Psychological issues；identity and the life cycle, International University Press, 1959（小此木啓吾訳：自我同一性—アイデンティティとライフサイクル-，誠信書房，1973）
3) Marcia, J.E.：Development and validation of ego-identity status. Journal of Personality & Social Psychology, 3, 551-558, 1966
4) Kohlberg, L.：Stage of moral development as a basis for moral education, Center for Moral Education, Harvard University, 1971（岩佐信道訳：道徳性の発達と道徳教育-コールバーグ理論の展開と実践-，麗澤大学出版会，1987）
5) 山岸明子：道徳判断の発達. 教育心理学研究，24（2），97-106，1976
6) Hoffman, M.L.：Empathy and Moral Development；Implications for Caring and Justice, Cambridge University Press, 2000（菊池章夫・二宮克美訳：共感と道徳性の発達心理学-思いやりと正義とのかかわりで-，川島書店，2001）
7) 渡辺弥生：VLFによる思いやり育成プログラム，図書文化，2001
8) Bigelow,B.J.：Children's friendship expectations；A cognitive developmental study. Child Development, 48, 246-253, 1977

第6章
学習理論と動機づけ

　勉強は，広い意味でいえば，新しい知識や行動様式を獲得する学習の一つである。学習は人だけが特別にもつ能力ではない。本章の前半では，人間を含めた動物にとっての学習，そして学習を支える記憶のメカニズムについて考える。後半では学習への動機づけについて紹介する。児童・生徒が自発的に学ぶようになってほしい。そんな願いは教師ならだれもがもつだろう。児童・生徒の「やる気」の源はいったい何であるかを考えながら読み進めてほしい。

1　学習理論

　心理学では，心がどのように観察可能かを考えるうえで，大きく2つの考え方がある。心は行動に表れると考える行動主義と，心は必ずしも行動には表れず，頭の中のコンピュータのようなものと考える認知主義である。たとえば電車の中で席を譲るか迷っている人物，Aさんの心について考えてみよう。松葉杖をついた人がAさんの座っている席の前に立ったとき，Aさんは席を譲ろうと考えるが，松葉杖を持ったまま席に座ったり立ったりすることは煩雑なのではないかという想像が一瞬頭をよぎる。すると，他の乗客が先に席を譲ってしまった…。このとき，Aさんは席を譲っていないのだから，不親切，と考えるのが行動主義である。いくら親切心をもっていても，それが行動に表れなければ，なかったも同然という考え方だ。一方の認知主義では，Aさんは親切心をもっていたのだから，それが行動に表れなくとも，親切だと考えることを認める。

　本節では，行動主義と認知主義という2つの立場から，人を含めた動物の学

習を支える原理を紹介する。

(1) 条件づけ

a．古典的条件づけ

古典的条件づけは，イヌを対象とした実験から偶然に発見された学習原理である。ロシアの生理学者パブロフ（Pavlov, I.P., 1849-1936）は，消化腺の研究でノーベル賞を受賞したが，研究のさなか，イヌの口に餌などの異物が入ると無条件に唾液が分泌されるという反射を発見した。ところが唾液が分泌されたことを確かめるために唾液の量を測定していたところ，まだ餌が口に入っていないのに，いつも餌を運んでくる助手が入室しただけでイヌの消化腺から唾液が分泌されていることに気付いたという。このことから，イヌが助手の姿（あるいは白衣，あるいはその足音）と餌がもらえることを結び付けたと考えた。

その後，餌とは関係のない合図を使って同じ現象がみられるかを調べた。イヌに，餌を与える前に，メトロノームの音を聞かせることを繰り返すと，やがてメトロノームの音を聞かせただけで唾液分泌がみられるようになったというのである。これが古典的条件づけの成立である（図6-1）[1]。

b．オペラント条件づけ

古典的条件づけによって条件づけた行動，すなわち唾液分泌は，餌に対する反射であった。反射は生物が生得的にもつ行動パターンであり，もともと教え

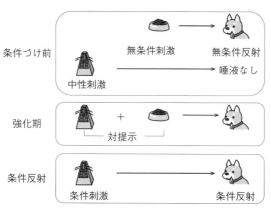

図6-1　古典的条件づけの成立過程

なくともできることである。しかし，動物の行動は反射だけでは説明することができない。イヌは，ヒトが「教える」ことで，お手などの芸を身に付けることができる。さらに，教えてもいないのに，イヌが勝手におもちゃを見つけて遊ぶこともある。ここで紹介するオペラント条件づけは，反射ではなく，動物が自発的に起こした行動への条件づけである。オペラント，という言葉は，自発的という意味の英語である。

　オペラント条件づけは，ネコを対象とした実験で初めて発見された学習原理である。アメリカの心理学者ソーンダイク（第1章参照）は，問題箱という仕掛けをつくり，箱に入れたネコが，どのように脱出し箱の外に置かれたエサにたどりつくかを調べた。問題箱の中には，紐につながれた輪っかがあり，これを引くと脱出のための扉が開く仕組みになっていた。しかし，ネコは最初のうち，床を引っかいたり柵から手を出したりするだけで，脱出に結び付く行動をとることができない。やがて，偶然に，輪に脚が引っかかることが起こる。すると，紐が引かれて扉が開き，ネコは脱出して餌を獲得できる。箱に入れてから餌をとるまでの過程は試行と呼ばれ，最初の試行では脱出までに時間がかかるものの，何度も試行を繰り返すうちに脱出までの時間が短くなる。これは，試行を繰り返すうちに，脱出に関係のない行動の生起頻度が徐々に減り，輪に脚が引っかかるという行動だけが生じるようになるためである。これを試行錯誤学習と呼ぶ[2]。

　同じくオペラント条件づけを研究したスキナー（Skinner, B.F., 1904-1990）は，あらかじめ起こしたい行動を決めておき，それを動物に学習させるための装置としてスキナー箱を開発した。スキナー箱とは，ネズミが押せるくらいの大きさのレバーがついたシンプルな箱で，レバーを押すと，レバーの下にある穴から餌が出てくる仕組みになっている。これに空腹のネズミを入れると，先ほどの問題箱に入れられたネコと同様，最初のうち箱の隅にじっとしていたり，壁に向かって立ち上がったりと，レバーには関係のない行動をする。しかしそのうち偶然に，脚でレバーを押す。出てきた餌を食べたネズミは，何度もこの試行を繰り返すうちに，レバーを押して餌を食べるという行動を頻繁に行うようになる。これをオペラント条件づけと呼ぶ。ソーンダイクの試行錯誤学習との違いは明確に定義されていないが，スキナーは，レバーを押すという行動を

動物に学習させるための手続きとしてオペラント条件づけの理論を体系化していった[3]。

古典的条件づけとオペラント条件づけを比べてみると，共通する点は，報酬や罰などの強化子が与えられることによって，強化子と連合した行動の生起頻度が上がるという点である。共通しない点は，条件づけられる行動が，古典的条件づけでは反射のような動物が生得的にもつ行動であるのに対し，オペラント条件づけでは，動物が自発的に，偶然に，起こした行動である点である。

(2) 社会的学習理論

条件づけは，自らの行動に強化が与えられることで成立する学習であったが，社会的学習理論の特徴は，自分で行動を起こさなくとも，環境あるいは他者の行動を観察するだけで学習が成立するという点である。

他者の行動を見て模倣することによって成立する学習は観察学習と呼ばれ，社会的学習理論の一つである[4]。バンデュラ（Bandura, A.）は，大人がボボ人形という起き上がりこぼしのようなゴム人形をたたいて攻撃している映像を子どもに見せると，子どもは何も言われていないのに，その後，渡された人形に攻撃行動をとる様子を観察した。大人が人形を丁寧に扱いながら遊ぶ映像を見た子どもよりも高い頻度で攻撃が生じた。このことは，子どもが暴力映像にさらされることで暴力行動を学習することを示している[5]。実際，1960年当時はテレビ放送の影響力が大きかったようで，テレビでの性的なシーンや暴力シーンが教育に悪影響であるという世論もおきた。

観察学習の特徴は，まず，自分に強化が与えられなくとも学習が成立するということである。先の人形の例でいうと，人形に攻撃行動をした後に大人が他の大人によって厳しく罰せられることによって，子どもによる攻撃行動の模倣は男子で7割程度，女子で3割程度にまで大きく減少した。まさに「人のふり見て我がふり直せ」のごとく，他者が行動の結果として罰を受けた場面を観察すると，模倣が起こる頻度は下がった。他者への報酬や罰などの強化が，あたかも学習者自身への強化のように働くことを代理強化といい，観察学習の特徴の一つである。

もう一つの特徴は，モデルの属性が自分に似ているときに模倣が起きやすい

ということである。先ほど大人の行動を子どもが模倣するという例を挙げたが，特に子どもと同じ性別のモデルであるほど行動が起きやすかったという[5]。また，モデルに魅力がある場合，特に子どもにとっては，動物アニメがモデルとなったときは，実在人物がモデルとなったときよりも模倣が起きる頻度が高いという研究もある。このことから，観察学習を学校教育に利用するとすれば，模範的な行動をとる動物アニメなどを活用することも考えられる。

❷ 学習の情報処理論

(1) 記憶のプロセス

学習成果は，記憶として残る。ヒトの記憶は，記銘・保持・想起という3つのプロセスから成り立っている。先に述べたような認知主義の立場では，人の心理をコンピュータになぞらえて理解しようとする。記憶のプロセスも，コンピュータに情報を入力するプロセスになぞらえて定義されている。

a．記　銘

まず，記銘（encoding，符号化）とは，外界の情報を人が理解可能な形で入力することである。たとえば旅先で風景を覚えることを考えてみる。目に映る風景は，網膜上の二次元画像であり，人の脳は画像の中のどの部分が直線で，どの部分に水平線があって…と，要素に分解して情報を理解する。このとき，画像を線や明るさなどの情報に分け，脳の中で処理できる情報として記録することを記銘という。記銘時の特徴として，記銘時と同じ感情をもつときに，記銘した内容が思い出しやすくなる気分一致効果がある。先の例でいうと，風景を見ながら友人と会話し，会話によってうれしい感情が引き起こされたとしよう。すると，後日うれしい感情を体験しているとき，うれしい感情を体験しながら記銘したこの風景を思い出しやすくなる現象がみられる。

b．保持と忘却

次に，保持（storage，貯蔵）とは，記銘によって入力された情報を脳の中にとどめておくことである。記憶の保持に失敗すると，記憶を思い出せなくなる。これを忘却という。なぜ，一度記銘したはずの記憶が保持されないかにつ

いては，いくつかの説明がある。

　一つは減衰説といって，時間の経過とともに記憶が自然と弱まっていくという説である。エビングハウス（第1章演習参照）は，人の忘却がどれくらいの速さで進むかを調べるため，無意味な単語を約70セット完全に覚えさせた後，20分，1時間，9時間，1日，2日，6日，31日と時間間隔をあけて，各回で10セットずつ，完全に覚え直すまでにどれくらいの時間がかかるかを調べた[6]。図6-2に，再学習にかかる時間が，最初の学習に比べてどれくらいの割合になるかを示した。これは忘却曲線とも呼ばれる。完全に覚え直すまでの時間がかかるということは，たくさん忘れてしまっていることを示しているからだ。これによると，無意味な単語は覚えてから1時間後でさえ56%，1日後には74%も，最初と同じくらいに覚え直すための時間がかかったことがわかる。柿木[7]はこの忘却曲線をもとに，復習は，まずその日のうちに行うことが効果的であり，さらに1週間後にもう一度行い，忘れたことを補うことが重要だと指摘している。エビングハウスの研究は今から150年近くも前に行われた研究ではあるが，近年にも追試され，同様の結果が得られることが確かめられている[8]。

　忘却を説明する理論の二つ目は干渉説といって，記銘直後に他の体験をすることが，記憶の固定化のプロセスに干渉し，記銘が妨げられるという説である。

　しかし近年は記憶の検索失敗説が有力である。これは脳の中に記憶の痕跡は

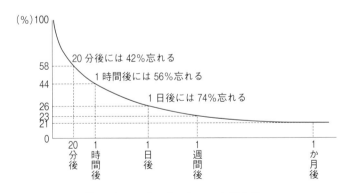

図6-2　エビングハウスの忘却曲線
（出典　外山紀子・外山美樹：やさしい発達と学習，有斐閣，2010）

残っているが，記憶の呼び出しに失敗しているという説である。記憶の痕跡が残っていることは，tip-of-the-tongue 現象と呼ばれるように，「あれ，なんだっけ」と喉元まで出かかっているのに言葉が出てこない現象も説明できる。言われれば思い出すことができるのは，思い出すための手がかりが一時的に失われているだけで，記憶痕跡は脳に定着しているためかもしれない。

c．想　起

記憶のプロセスの三つ目は，想起（retrieve, 検索）である。貯蔵された記憶を使うために，思い出すことを想起という。想起には手がかりが必要なことが知られている。これを活用した記憶術も知られている。たとえば場所法といって，記銘したいものを，頭の中の空間に並べながら覚えていく方法である。いくつもある数学の公式を覚える場合などは，覚えたい公式の一つを，アナログ式時計の「1」の場所に置くイメージで覚える。次の公式は「2」の場所を見ながら覚える。すると，試験中に自分の腕時計の「1」を見ることが，その公式を思い出す手がかりとなる。

また，想起は自分の意思で思い出すことだけでなく，思いがけず想起してしまうことも含める。気分一致効果のように，自分が楽しい気分になったときに，かつて楽しい気分のときに覚えたことが思い出されてしまうこともある。有名な例では，プルーストが著した小説『失われた時を求めて』の中で，主人公が紅茶に浸ったマドレーヌを口に入れた瞬間，その味覚が手がかりとなって記憶が鮮やかに思い出されるシーンなどがある。

(2) 記憶の二重貯蔵モデル

記憶は，長期記憶と短期記憶の2つに分けられる。これを記憶の二重貯蔵モデルという（**表6-1**）。

a．短期記憶

短期記憶とは，数秒から数分程度の短い時間しか保持されない記憶のことを指す。短期記憶の特徴の一つ目は，記憶できる量が少ないということである。たとえば5の平方根の値を覚える際，2.2360679 と数字を覚えようとしても5〜9個，7±2個しか覚えられないということが知られている。これはミラーが発見したことで7±2はマジックナンバー[9]と呼ばれる。数字だけでなく元

表6-1 長期記憶と短期記憶の違い

短期記憶		長期記憶
数秒〜数分	保持時間	∞
7±2	容量	∞
チャンク	記憶の単位	意味記憶 エピソード記憶

素記号の周期表などのアルファベットでも同様である。ただし，工夫しだいで記憶容量を増やすことができる。短期記憶の特徴の二つ目，記憶の単位がチャンクであるということを利用すればよい。「チャンク」とは情報のまとまりという意味である。先ほどの5の平方根は，実は覚えるコツがある。2.2360679という数字に語呂をあてて，「富士山麓オウム鳴く」と読むのである。すると，語呂を当てる前は「2」「2」「3」と数字一つずつを見ていたために数字1つが1チャンクとなり，8桁の数字を覚えるために8チャンクを要していたが，「富士山麓」という言葉にすることで「2236」までを1チャンク，「オウム鳴く(0679)」を1チャンク，合計2チャンクで覚えることができる。さらに，「富士山麓」と「オウム鳴く」には直接の意味のつながりはないが，人によっては富士山麓でオウムが鳴いている映像をイメージすることで，その映像を意味のまとまりとし，「富士山麓オウム鳴く」を1チャンクで覚えることができるだろう。

b．長期記憶

短期記憶に入力された情報が，何度も記銘と想起を繰り返すことで長期的に情報がとどまり続けると長期記憶となる。長期記憶は，加齢とともに検索に失敗する場合もあるが，基本的にはいつまでも覚えていられるものと考えられている。容量は，無限に近いと考えられてきたが，近年の脳科学とコンピュータ科学の発達に伴い，2012年には長期記憶の容量が2.5ペタバイト（デジタルビデオレコーダーで300年分のテレビ放送を録画できるくらい[10]）とする論文も出ている。

長期記憶の種類は，覚える内容によって異なっている。たとえば意味記憶とエピソード記憶などが挙げられる。意味記憶とは，漢字の読み方や書き方，「りんごは赤い」など辞典に書かれるような定義に関する記憶である。学校の勉強

で身に付ける知識の多くも，この意味記憶に該当するだろう。エピソード記憶とは，いつ・誰が・どこで・何をしたか，のように出来事に関する記憶，いわゆる思い出のようなものがこれに該当する。

意味記憶とエピソード記憶の2つは顕在的記憶と呼ばれ，言葉を使って思い出すことのできる記憶である。これに対し，潜在的記憶と呼ばれる，言葉では思い出せない記憶もある。たとえば手続き的記憶とは，自転車の乗り方や箸の使い方など，練習によって身に付けた手技に関する記憶である。自転車の乗り方を説明しようとするとき，「サドルに座って，左右でバランスをとって，足を浮かせたらペダルに乗せて漕ぐ」という程度には言葉で表現できるが，バランスのとり方は体が覚えているもので，どれだけ言葉を尽くしても表現しきれない。潜在的記憶は，脳障害などによって顕在的記憶が損なわれた場合にも残ることがあり，顕在的記憶とは脳の中の記憶のありかが違うことが示唆されている。

　c．感覚記憶

近年では，短期記憶よりも前の段階として感覚記憶も提唱されている。感覚記憶は，感覚器官の生理的な興奮が生じるほんの一瞬にだけ存在する。しかし注意を向けたもの以外は意識することがない。たとえば友人と会話しているとき，友人の顔だけでなく友人の服の色や背景となる景色など，目に映る情報はとても多い。しかし，会話している相手の顔にしか注意を向けていなければ，さっきまで見ていたはずの相手の服の色や，相手の背後に広がる景色は一瞬のうちに忘れ去られてしまう。

(3) メタ認知[11]

記憶についての記憶をメタ記憶という。一度勉強した内容を忘れてしまったとき，忘れてしまったこと自体を思い出せるのは，自分が何を覚えているか（あるいは忘れたか）を記憶するメタ記憶の能力による。メタ記憶があるからこそ，忘れた部分を復習する，忘れそうな部分を特に反復して覚えようとする，などの学習の工夫ができるのである。

学習の促進には，メタ記憶を含む，自分が何を認知しているかを認知する能力であるメタ認知が重要である。学習の進み具合を自分で監視するモニタリン

グ，うまく進んでいないと気付いたときに対応するコントロールなどがこれに含まれる。英語の試験で良い成績がとれなかった学習者が，「自分は英語が苦手だ」と自分の能力や状態に気付くことはモニタリングであり，「英語が苦手だから，もっと時間をかけて勉強しよう」と今後の対策を考えることがコントロールである。

❸ 動機づけの理論

勉強へのやる気はどのように起こってくるのだろうか。動機づけとは，人の中に生じた欲求を解消するために生体を導くプロセスを指す。ここでは，人がやる気を出すメカニズムについて動機づけの理論から紹介していく。

（1）外発的動機づけ

外発的動機づけとは，ある行動をとることが，欲求解消のための手段になるような動機づけを指す（**図 6-3 下段**）。つまり，行動そのものには欲求を解消する効果がない。勉強する理由として「テストで良い点をとると親から小遣いがもらえるから」を挙げる場合，小遣いがもらえることが目的となっている。勉強しただけでは小遣いはもらえないため欲求は解消できないが，勉強した結果として小遣いさえもらえれば欲求は解消できる。あるいは，「勉強すると友達から尊敬されるから」という理由も同じである。友だちから認められたい，という欲求を，勉強という行動をとることによって解消することをねらっている。このようにして勉強へのやる気をかりたてても，親が小遣いをくれなくなったり，友だちが尊敬してくれなくなったら，勉強をやめてしまうだろう。

では「良い学校に進学したいから」という理由はどうだろうか。周囲の人間の反応とは関係なく，自分自身のために勉強しようという気持ちは確かに強く，このようなやる気は持続しやすいと思える。これも，勉強そのものが目的ではなく，良い学校に進学するという目標を達成するための手段として，勉強をするという外発的動機づけである。

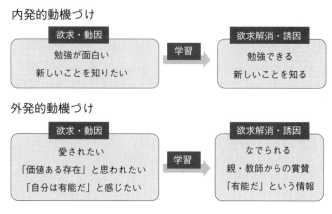

図6-3　学習を支える動機づけの一例

(2) 内発的動機づけ

　行動そのものへの興味・関心によって行動が動機づけられることを，内発的動機づけという（**図6-3上段**）。「漢字の書き取りは，漢字の形が美しいし，字を書くこと自体が楽しいからやる」「計算問題を解くのはパズルが解けたような快感があるからやる」「授業を聞くことで新しい知識を得られるのがうれしいからやる」など，勉強そのものが楽しいと感じられると，子どもは自発的に勉強に取り組むようになる。

　ここで注意しておきたいのは，内発的動機づけは，外発的動機づけと必ずしも相反するものではないということである。ライアンとデシ[12]の自己決定理論では，ある行動をとることをどれくらい自分で決めたかという観点から，外発的動機づけと内発的動機づけを連続的にとらえている。外発的動機づけの中にも，自己決定が高いものと低いものがあり，「勉強すると親から小遣いがもらえる」という動機は，他者のふるまいに期待して勉強することを決める点で自己決定が低い。「良い学校に進学したいから」という動機は，自分で定めた目標を達成する行動として勉強という手段を自分で選んでいるという点で自己決定は高いといえる。しかし，目標とした学校に進学したのちは，勉強そのものに価値を見いださない限り勉強しないという点では，まだ外発的動機づけの

段階である。なんらかの他の目的を達成する手段としてではなく，勉強そのものを目的とした内発的動機づけの状態こそが，自己決定の最も高い状態と考えられる。

内発的動機づけを高めるためには，子どもが自分の力で物事を決定することを支援する自律性のサポート，自分の存在が他者から認められていることを実感できるよう支援する関係性のサポート，選択した行動を通して自分の能力を発揮するよう支援する有能性のサポートが重要である[13]。

(3) アンダーマイニング効果

自発的に勉強している子どものやる気をそぐのは簡単だ，よく勉強できたらご褒美をやると言えばよい。もともと内発的動機づけがある子どもに，ご褒美という外発的動機づけを与えることを約束して与えることで，内発的動機づけが低減することをアンダーマイニング効果という。これは，学習者自身が，「ご褒美のために勉強しているのだ」と自分の行動の原因を解釈するため，あるいは「ご褒美につられて勉強させられている」というように，ご褒美にコントロールされていると感じるために起こる。

村山ら[14]は，アンダーマイニング効果がみられる際の脳活動を調べるために，ストップウォッチを5秒ぴったりでとめるという3分間のゲームを大学生に行わせた。このとき報酬群は，5秒に近いところで止めることができた回数分200円を受け取れるとあらかじめ教示された。統制群は，特に報酬について教示されなかったが3分間が終わると報酬群と同額の報酬を手に入れた。3分間のゲームが終わると，被験者となった大学生は部屋で自由に過ごすことができた。このとき，統制群が自発的にゲームをする回数は，報酬群の2倍程度多かったという。これは，物事の価値を評価する機能を担っている大脳皮質基底核評価システムのいくつかの部位の働きで説明できるという。報酬群ではゲームをやって報酬をもらえるときと報酬をもらえないときとで，これらの部位の働きが顕著に違っているのに対し，統制群では報酬をもらえようがもらえまいが，同じように活動し続けていた。

ただし，必ずしも外的報酬がアンダーマイニング効果を起こすとは限らない。櫻井[15]によればアンダーマイニング効果が起こりにくい場面として，(1) 個

人の特性として内発的な動機づけがもともと高い子ども，(2) 外的報酬を与える人と与えられる人の人間関係が良好であること，(3) 外的報酬として誉め言葉を用いること，などを挙げている。子どもが学習させられているという意識をもたないこと，学習をつまらないと思わないことが大事なようである。

4 帰属理論，期待・価値理論

　動機づけは，勉強する／しないことの原因を何だと考えるかによって変わってくる。物事の原因を何かのせいにすることを，心理学では原因帰属という。この節では，原因帰属の分類についてみていこう。

(1) 原因帰属

　ワイナー(Weiner, B., 1935-)[11)16)]は物事が成功したり失敗したりする原因を，2つの次元から説明した。一つは，その原因がいつもあるのか，たまたま生じたのかという安定性の次元，もう一つは，原因が自分のせいか他者や環境など外的なもののせいかという原因の所在の次元である。

　表6-2は，友だちとけんかした場合の原因と，それをワイナーの次元で分類した場合の例である。たとえば，相手の性格が悪いことが原因だと考える場合は外的（相手のせい）・安定的（性格は，あまり変わるものではない）という帰属スタイルである。自分がイライラしていて八つ当たりしてしまったと考える場合は，内的（自分のせい）・不安定的（イライラしていたのは，その時た

表6-2　友人とけんかした際の原因帰属の例

	安定的	変動的
内 的	能 力 「人付き合いが苦手」	努 力 「イライラして 八つ当たりした」
外 的	課題の難解さ 「あいつの性格が悪い」	運 「親に怒られたせいで 不機嫌だった」

またまだった）という帰属スタイルである。

　このような帰属スタイルの違いは動機づけに影響を及ぼす。特にテストで失敗したときなどは，自分の生まれもった能力が低いからだと考えてしまえば，いくらがんばっても成績が上がるわけではないと考え，学習をあきらめることにつながる[17]。一方，ドゥエック（Dweck, C.S., 1946-）[18][19]は，算数が苦手で極端に無気力になっている子どもたちを対象とした実験を行い，失敗したのは努力不足のせいだと考えさせることによって学習成績を伸ばすことを実証している。

　しかしその一方で，あまりに努力不足に帰属しすぎることもよくない。いくら努力しても，成績上昇などの結果が伴わないことがわかると，無気力になって努力をやめてしまうことがある。これを学習性無力感といい，セリグマン（Seligman, M.E., 1942-）のイヌを使った実験によって最初に示された[20][21]。

　セリグマンは，イヌを3匹くびきでつなぎ，ハンモックにつるした。1匹目はハンモックの中で電撃を受けるが頭の横についたパネルを押すことで電撃を止めることができる逃避可能群，2匹目は電撃を自力で止めることができず，逃避可能群のイヌが電撃を止めるタイミングまで電撃を受け続ける逃避不可能群，3匹目は電撃を受けない統制群であった。電撃を十分に経験させた後，別の実験装置にイヌたちを入れた。この装置は2つの部屋に仕切られており，最初にイヌが置かれた場所にはやがて床から電撃が流れてくるが，低い柵を飛び越えて隣の部屋に映ることで電撃を回避できるという装置である。つまり，今度はすべてのイヌが電撃から逃れることができる状況に置かれた。しかし実際に逃避を学習できたのは，ハンモックで逃避可能な経験をした逃避可能群，そして電撃を受けるのが初めての統制群だけで，逃避不可能群のイヌは座り込んだまま隣の部屋に移らず，電撃を受け続けたという。

　これはあくまでイヌの話ではあるが，その後セリグマンは人間でも同様の学習性無力感がみられることを明らかにした。さらに，原因帰属スタイルによって学習性無力感に陥らない人がいることも発見した[20][22]。それは悪い出来事の原因を，外的（ワイナーの次元でいう「外的」）・一時的（ワイナーの次元でいう「変動的」）・特定的なものに帰属するスタイルをもつ人だという。特定的とは，試験で失敗した際「数学のテストでは失敗した（英語や国語では失敗して

いない）」のように，悪い出来事の及ぶ範囲を限定的に考えることである。セリグマンはこのような原因帰属スタイルを楽観主義と呼び，その後ポジティブ心理学という新たな学問分野を拓(ひら)いていった。

> **演 習**
>
> 1. 以下の例を，オペラント条件づけの理論ではどのように説明できるだろうか。考えてみよう。
> 「塾に行くのは楽しい。勉強は好きではないけど，塾で友人と話すことができるから，塾に行くのが楽しみだ。」
>
> 2. ご褒美をもらうために勉強している（つまり，外発的動機づけによって勉強している）子どもを，勉強好きにして自発的に勉強する（つまり，内発的動機づけによって勉強する）ように促すには，どのように声をかければよいだろうか。話し合ってみよう。
>
> 3. 表6-2を参考に，自分が最近経験した出来事の原因を考えてみよう。

● 引用文献・参考文献
1) Pavlov, I.P., Anrep, G.V.（Trans. and Eds.）: Conditioned reflexes : an investigation of the physiological activity of the cerebral cortex, Dover Pub, 1960
2) Thorndike, E. L. : Animal intelligence : experimental studies, Thoemmes Press, 1998
3) Skinner, B.F. : The behavior of organisms ; an experimental analysis. Prentice, 1966（Century psychology series）
4) バンデューラ, A., 原野広太郎・福島脩美 訳：モデリングの心理学－観察学習の理論と方法，金子書房，1975
5) Bandura, A., Ross, D., Ross, S.A. : Imitation of film-mediated aggressive models. The Journal of Abnormal and Social Psychology, 66（1）, 3, 1963
6) エビングハウス, H., 宇津木保 訳：記憶について，誠信書房，1978
7) 柿木隆介：記憶力の脳科学，大和書房，2015

8) Murre, J. M., Dros, J.：Replication and analysis of Ebbinghaus' forgetting curve. PloS ONE, 10（7）, e0120644, 2015
9) Miller, G.A.：The magical number seven, plus or minus two：Some limits on our capacity for processing information. Psychological Review, 63（2）, 81-97, 1956
10) Scientific American：What Is the Memory Capacity of the Human Brain?, ht2ps://www.scientificamerican.com/article/what-is-the-memory-capacity/（2010.5.1）［2018年9月22日閲覧］
11) 外山紀子・外山美樹：やさしい発達と学習，有斐閣，2010
12) Ryan, R. M., Deci, E. L.：Intrinsic and extrinsic motivations：Classic definitions and new directions. Contemporary Educational Psychology, 25（1）, 54-67, 2010
13) 外山美樹：行動を起こし，持続する力　モチベーションの心理学，新曜社，2015
14) Murayama, K., Matsumoto, M., Izuma, K., Matsumoto, K.：Neural basis of the undermining effect of monetary reward on intrinsic motivation. Proceedings of the National Academy of Sciences, 107（49）, 20911-20916, 2010
15) 櫻井茂男　編：たのしく学べる最新教育心理学：教職に関わるすべての人に　改訂版，図書文化社，2017
16) Weiner, B.：Theories of motivation：From mechanism to cognition, Markham, 1972
17) 奈須正裕：学業達成場面における原因帰属，感情，学習行動の関係．教育心理学研究，38（1）, 17-25, 1990
18) 鎌原雅彦・竹綱誠一郎：やさしい教育心理学　第4版，有斐閣，2015
19) Dweck, C.S.：The role of expectations and attributions in the alleviation of learned helplessness. Journal of Personality and Social Psychology, 31（4）, 674-685, 1975
20) セリグマン, M., 山村宜子　訳：オプティミストはなぜ成功するか，講談社，1994
21) Seligman, M.E., Maier, S.F.：Failure to escape traumatic shock. Journal of Experimental Psychology, 74（1）, 1-9, 1967
22) Abramson, L.Y., Seligman, M.E., Teasdale, J.D.：Learned helplessness in humans：Critique and reformulation. Journal of Abnormal Psychology, 87（1）, 49, 1978

第7章

幼児期，児童期，青年期の心理的問題と対応

　子どもは，乳幼児期に養育者との関わりを通して，対人関係の基盤となるアタッチメントを形成する。その後は就園に伴い，同年代の仲間との関わりの中で社会性を身に付けていく。そして，就学後の児童期には，良好な仲間関係を築くとともに，教科学習に適応することが大きな課題になっていく。さらに，第二次性徴を迎える思春期以降は，身体的変化に伴い異性への関心が芽生えたり，変化する自分に戸惑い，他者と自分を比較したりしながら「自分とは何か」というアイデンティティを探究し，養育者から心理的に自立していく。アイデンティティの確立は青年期の重要な課題となる。本章では，発達課題とは何かを理解したうえで，幼児期，児童期，青年期の発達課題とそれぞれの時期にみられるいくつかの問題，およびそれらの問題への対応についてみていく。

1　発達課題

　発達課題（developmental task）とは，個人が健全で幸福な発達を遂げ，社会に適応するために，生涯のそれぞれの時期に達成しなければならない課題のことであり，その課題を達成すればその後の課題も成功するが，失敗すればその後の課題への取り組みも困難になるというものである。ハヴィガースト（Havighurst, R. J., 1900-1991）は，乳幼児期から老年期までの6つの時期における発達課題を提唱した（**表7-1**）[1]。発達課題は社会の要請に強く影響されるので，その具体的な内容は，乳幼児の歩行のような生物的な成熟に基づく課題を除けば時代や文化によって異なる。

　ハヴィガーストの発達課題は，主に1930〜1950年代のアメリカの中流階級

表7-1 ハヴィガーストの発達課題

発達段階	発達課題
乳幼児期	歩行の学習／固形食をとる学習／話すことの学習／排泄の学習／社会的・物理的な現実についての単純な概念の形成／両親・きょうだいや他者との人間関係の学習／善悪の区別など
児童期	日常の遊びに必要な身体的技能の学習／仲間とうまく付き合うことの学習／読み・書き・計算の基礎的能力の発達／良心・道徳性・価値観の発達など
青年期	両性の友人とのより成熟した新たな人間関係をもつこと／男性・女性としての社会的役割の達成／両親や他の大人からの情緒的自立の達成／経済的独立の目安を立てる職業選択とそれへの準備／結婚と家庭生活への準備など
壮年期初期	就職／配偶者の選択／結婚相手との生活の学習／子どもをもうけること／子どもの養育／家庭の管理／市民としての責任の負担など
中年期	大人としての市民的・社会的責任の達成／一定の経済的生活の確立と維持／10代の子どもたちが信頼できる幸福な大人になれるよう支援すること／中年期の生理的変化を受け入れ，それに適応すること／老年の両親への適応など
老年期	体力と健康の低下に適応すること／引退と収入の減少に適応すること／配偶者の死に適応すること／同年代の高齢者たちと明るい親密な関係を確立することなど

の生活様式に基づいているので，現代の日本にそのまま当てはまるわけではない。しかし，第2章で検討したエリクソンの発達理論と合わせて考えれば，現代の日本にも通用するような，乳幼児期から青年期にかけて達成すべき中心的な発達課題がみえてくる。すなわち，乳幼児期にはアタッチメントを形成し，人への信頼感を獲得すること，児童期には良好な仲間関係を形成するとともに，読み・書き・計算の基礎的な知識・技能を獲得すること，青年期にはアイデンティティを形成し，親からの心理的な自立を図ることである。

以下では，幼児期，児童期，青年期の各時期におけるこれらの発達課題と，各課題の達成につまずいたときに生じる心理的問題およびその対応についてみていく。

2 幼児期

　幼児期における最も重要な発達課題は，アタッチメントを形成し，人への信頼感を獲得することである。また，幼児期は保育所や幼稚園などへの入園に伴い，家族以外の者，とりわけ同年代の仲間との関わりが始まる時期でもある。したがって，同年代の仲間との集団生活を通して社会性を身に付けることも課題となる。以下ではアタッチメントの形成，集団生活における社会性の獲得の順にみていく。

(1) アタッチメントの形成とその問題

　第2章で検討したとおり，アタッチメント（愛着）とは，ボウルビィが提案した概念であり，養育者のような特定の他者との間に形成される親密な情緒的結び付きのことである。幼少期に養育者との間に安定したアタッチメント関係を築くと，それをもとに他者とも安定した人間関係をもつことができることから，アタッチメントは対人関係の基礎となる。さらに，養育者との間で安定したアタッチメントが形成され，養育者が子どもにとって安全基地となることで，子どもは外の世界への探索行動ができるのである。このアタッチメントには，養育者の感受性や子どもの気質の影響による個人差があり，乳児期に養育者との間で安定したアタッチメントを形成している子どもは幼児期・児童期の社会的適応が良いなど，早期のアタッチメントの個人差がその後の対人関係やパーソナリティの形成に影響することが示されている。ただし，子どもは養育者だけでなく，保育者や教師を含めた複数の重要な対象との人間関係を同時並行的にもっており，幼稚園での仲間関係における適応が，早期の養育者とのアタッチメントよりも教師とのアタッチメントと関連しているという報告もある。

　以上のように，アタッチメントは子どもの社会人格的な発達にとって極めて重要な働きをしている。しかし，虐待や養育者が頻繁に変わるなどの環境の中でアタッチメント関係が適切に形成されないと，「アタッチメント障害」として支援が必要な状態が生じる。その状態には，次のような2つのタイプがある。①特定の他者を安全基地として安心のよりどころとすることがみられず，情動

的な表出も最小限にしか見せない状態，②非抑制的で無差別なアタッチメントを示す状態。後者は，たとえば初対面の人にもなれなれしい態度で接するので一見社交的なようだが，特定の重要な他者が成立しておらず，その場限りの利己的な関係しかもてない状態である。アタッチメントは心理的危機に遭遇した際に自我を守る働きをもつが，アタッチメント障害はアタッチメントの対象が成立しておらず，子どもの自我が守られていない危険な状態にあることを意味する。

アタッチメントについては，ストレンジシチュエーション法で測定されるAタイプ，Cタイプのような乳幼児期の不安定なアタッチメントがその後の不適応をもたらしうるという問題もある。しかし，不安定ではあってもアタッチメント関係が形成されている状態と，アタッチメントの対象が成立しないまま育っている状態とでは，問題の質が異なると指摘されている[2)3)]。アタッチメント障害は，より深く広範な安全感（feelings of safety and security）の障害であるとされる[4)]。

養育者とのアタッチメント関係が不安定な子どもに対しては，保育者，教育者は，その子どもが安心感をもって生活できるように，当人の様子をよく観察し，その状態に応じた声かけや働きかけをきめ細かく行っていくことを通して，保育や教育の場における安全基地となれるように心がけることが大切である。それに対して，問題がより深刻なアタッチメント障害の子どもに対しては，同様の対応をするとともに，心理臨床の専門職（公認心理師・臨床心理士など）によるより専門的なケアにつなぐことも必要である。

(2) 集団生活における社会性の獲得とその問題

現代の日本においては，大半の幼児が就学前に幼稚園や保育所などへの通園を経験している。子どもにとって家庭での生活は，家族，特に養育者との対人関係に限定されるため，大人である養育者との関係を通して子どもが体験できることは限られている。それに対して，園では同年代の仲間との集団生活をするため，子どもは仲間関係を通してより多様な体験をすることができる。そうした体験を通して，子どもの社会化は促進されていく。社会化とは，個人がその属する社会の価値観や行動様式を取り入れていく過程のことである。

幼児は園生活における仲間関係を通して，具体的にどのような力を獲得するのだろうか？　無藤ら[5]は，幼児が仲間関係を通して身に付ける社会的コンピテンス（有能性）として，①他者理解・共感，②社会的カテゴリーの理解，③社会的規則の理解，④コミュニケーション能力，⑤自己統制能力を挙げている。①は，子どもがさまざまな相手との相互交渉によって，他者の行為の背後にある気持ちや感情，意図や動機，思考などに気付き理解するようになり，さらにはその理解に基づいて他者に情緒的に共感するようになっていくことである。②は，多様な人との相互交渉を通して，性別，性格（例：弱虫，優しい子），社会的地位（例：リーダー，フォロワー）などの社会的カテゴリーに関する知識を獲得することである。③は，大人から与えられた園でのルールを知り，それに従うとともに，仲間同士の間で自分たちの関係をよりよくするために互いに共同して新しいルールをつくり，それを維持していこうとすることである。④はごっこ遊びのような共同遊びにおいて，互いのイメージを理解するための相互交渉を通して，コミュニケーション能力を高めていくことである。⑤は，仲間との相互交渉におけるいざこざなどの対立関係を通して，自己主張や自己抑制などの自己統制の力を高めていくことである。

　上述したように，幼児期には園生活における仲間関係を通して，集団の中で皆が快適に過ごせるようにするためのルールを学習したり，他者への共感性を育んだり，他者とうまく付き合っていくためのソーシャルスキルを学習していく。特にソーシャルスキルは，他者がいる特定の場面に応じて，その相手と関係をつくったり維持したりする技術である。したがって，集団生活においてさまざまな場面でさまざまな個性をもった仲間との相互交渉を経験しながら身に付ける必要がある。しかし，仲間経験が乏しい，あるいは子ども自身に発達的な偏りや気質・性格的な偏りがあり仲間経験からの学習が難しいために，ソーシャルスキルが不足したまま成長すると，攻撃性や引っ込み思案[6]，怒りやすさ，対人不安や緊張感[7,8]，孤独感[9]などの問題が生じやすいことが報告されている。なお，ソーシャルスキルが不足している子どもへの対応については，第9章で論じられているので，参照してほしい。

3 児童期

　児童期は，小学校に入学し，教室での授業を通して算数や国語などの教科学習に本格的に取り組むとともに，生活面では給食当番や係活動などを通して仲間と協力し合うことがより一層求められるようになる。したがって，この時期の子どもの主な課題は，幼児期に引き続き集団生活を通じて良好な仲間関係を形成するとともに，読み・書き・計算の基礎的な知識・技能を獲得することである。一方で，児童期は心理的問題が顕在化しやすい時期でもあり，学校不適応という形で問題が現れてくる。学校不適応は，対人関係における不適応と学習上の不適応に分類される。以下では，対人関係の不適応，学習不適応の順にみていく。なお，対人関係の不適応である不登校，いじめについては第8章で，また，学習不適応に関わる学習障害については第11章で取り上げる。

(1) 対人関係の不適応

a．自己肯定感の低下

　児童期には，学校で仲間とともに勉強や遊びをしていく中で，自分と他者とを比較することで自分の長所・短所に気付き，自己理解が進んでいく。佐久間ら[10]は，5歳，小学2年生，4年生を対象に自分の好きなところ・嫌いなところ，自分の良いところ・悪いところを質問し，得られた回答を分類している。その結果，いずれの質問においても，自分の肯定的な面のみを回答する反応が5歳児で最も多く，学年が上がるにつれて低下していた。このことは，幼児期には自分のことを楽観的にとらえているが，児童期になると，徐々に自分を客観視するようになるのに伴い，幼児期に比べて自己肯定感が低下することを示唆している。自己肯定感が低いほど心理的問題を抱えたときにより深刻な影響を受けやすいことから，学年が上がるにつれて問題の影響が深刻になりやすいといえる。

b．仲間の重要性と仲間からの孤立の影響

　児童期中期から後期にかけては，ギャング・グループと呼ばれる数名ほどの同性から成る仲間集団が形成されるようになる（第5章参照）。ギャング・グルー

プにおいては，同じ遊びを一緒にする者同士という一体感があり，メンバーだけの約束やルールをつくってそれを守ろうとする意識が強く，メンバー以外には閉鎖的だという特徴をもつ。この時期は親との関係よりも仲間との関係を優先するようになってくるので，ギャング・グループにおける仲間への親密さは，親から離れる不安を補う働きをしていると考えられる。このように，仲間から受け入れられているという感覚は児童期の子どもに安心感を与える一方，仲間からの拒否や孤立は，子どもの情緒的・社会的発達や精神的健康にマイナスの影響を与えることが指摘されている[11)12)]。

c．対人葛藤場面における社会的情報処理

児童期の仲間関係における相互交渉においては，遊具を使用する順番の争い，遊び方に関する意見の対立などの対人葛藤場面はつきものである。対人葛藤場面において，当事者がその場面に関わる情報をどのように処理して行動するかによって，仲間から受容されるか拒否されるかが決まる。対人葛藤の問題を解決するための情報処理のことを社会的情報処理と呼ぶ[13)]。ダッジらは，社会的情報処理の観点から対人葛藤場面における子どもの情報処理を検討している。その結果，攻撃性が高い子どもはそうでない子どもとは異なる情報処理をしており，他者の行動を悪意に基づいたものと認識しやすいことを報告している[14)]。

d．対人関係の不適応への対応

子どもにおける問題行動は，次の2種類に分けられる。①内在化問題行動（ストレスを自分に向けることから生じる問題行動。引っ込み思案，抑うつ，不登校など），②外在化問題行動（ストレスを外に向けることから生じる問題行動。攻撃，非行など）[15)]。中澤[16)]は，子どもの内在化問題行動と外在化問題行動のそれぞれがどのような過程で生じるのかについて，発達精神病理学に基づいたモデルを示している（図7-1, 2）。図7-1と図7-2より，内在化問題行動と外在化問題行動とも，仲間との相互作用を通して徐々に問題行動が形成されていることがわかる。問題行動が展開しないように対応するためには，問題行動に関わっている要因（子どもの気質，家庭環境，親子関係，仲間関係，子どもの社会的情報処理の特徴など）を見極め，仲間関係の調整や当事者の子どもへのソーシャルスキルの教育，養育者への助言などによる家庭環境の調整などを図る必要がある。

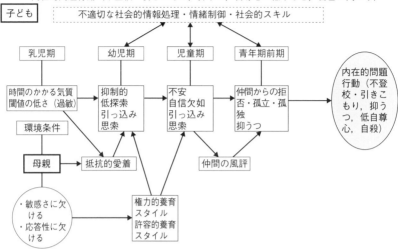

図 7-1　内在化問題行動生起の発達精神病理学モデル
(中澤, 2009, p.121)

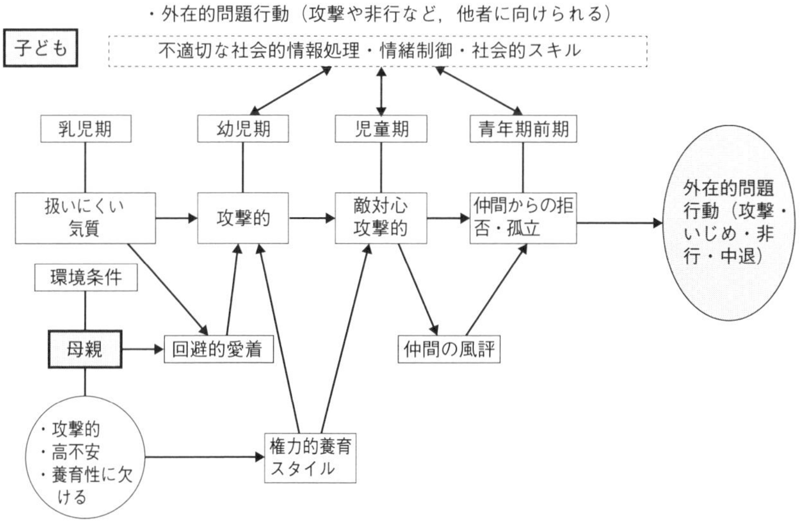

図 7-2　外在化問題行動生起の発達精神病理学モデル
(中澤, 2009, p.120)

3　児童期

(2) 学習不適応

　小学校の教室で同じ授業を受けていても，その授業の内容に関する子どもの理解度には個人差がある。学習不適応といえる基準はどこにあるのだろうか？北尾[17]は，「何らかの原因によって，学習が難しい状態に陥り，その結果として極めて学力が低いレベルにとどまる子どもを学習困難児と呼ぶ」「『通常の授業に，努力してもついていけない』とか『1学年以上の学力の遅れ』という目安で判断すればよいであろう」としている。本稿では，このような状態を学習不適応ととらえ，北尾による学習困難の分類や指導・支援の視点を踏まえて学習不適応についてみていく。

a．学習不適応の原因

　学習不適応の原因は，大きく次の4つに分類される。①基礎的な学力の未習得による学習困難，②学習方略・学習習慣の欠如による学習困難，③学習意欲の低下による学習困難，④認知能力の偏りによる学習困難（学習障害）。①のタイプは，学年の進行とともに学習内容も増えることから，学年が上がるほどこのタイプの学習不適応の子どもは増えていく。また，系統的に学習していく教科である算数・数学においてこのタイプの学習不適応が多い。

b．学習不適応への対応

　上記①から③については，それぞれの原因に応じた指導として，通常の授業の中での個別の配慮や家庭への助言などにより対応していく必要がある。しかし，学力の遅れが1年以上に及ぶ場合，通常の授業での指導だけでなく，併せて授業外の個別指導を行う必要がある。③への対応については第6章を参考にしてほしい。また，④への対応については第11章で論じられている。以下では，①と②のそれぞれにおける対応について述べる。

　①基礎的な学力の未習得　すべての教科の学力の基礎となるである読み・書き・計算の知識・技能をはじめ，支援を必要とする子どもにおいて何が欠けているかをアセスメントし，それに応じた教材や教え方による指導が求められる。

　②学習方略・学習習慣の欠如　知識や概念は習得できていても，それらを用いてどのように問題を解いたらよいのかがわからない子どももいる。また，

不適切な学習の仕方をしていたり,学習習慣自体が身に付いていない子どももいる。学習方略の指導方法については,後述する「認知カウンセリング」の技法が参考になる。

c. 認知カウンセリング

認知カウンセリングとは,何かがわからなくて困っている認知的な問題を抱えた学習者に対して,個別的な相談や指導を通して原因を探り,解決のための援助を与えるアプローチである[18]。そこで用いられている基本的な技法は**表7-2**のとおりである。認知カウンセリングでは,具体的な学習内容をわかりやすく教える(学ぶ)だけではなく,支援の対象となる子ども自身の「学習観」(学習の仕組みに関する考え方)や「学習動機」(学習の動機や目的に関する考え方)について検討させるなどして学習者のメタ認知を高め,最終的には学習者の自立を促すことを目指している。

なお,学習不適応については,子どもの認知面だけでなく,学習に前向きに取り組みにくい不安定な家庭環境や,子ども自身の自尊感情,自己肯定感,自己効力感の低さなどが要因となっている場合もある。それらも視野に入れたう

表7-2 認知カウンセリングの相談・指導における基本的な技法

技法名	内容
自己診断	どこが,なぜわからないのかを言語化させる。そのことによって,学習者自らが自己診断を行えるように促す。
仮想的教示	ある概念や方法を,他の人に教えるつもりで説明させる。そのことによって,学習者が自らの理解を把握し,より明確なものとする。
診断的質問	どこまでわかっているかを試すための質問をする。そのことによって,学習者の理解状態を明確に把握する。
比喩的説明	概念の本質を比喩(アナロジー)で説明する。その際,用いた比喩によって本質的な部分ではないことが伝わらないよう注意する。
図式的説明	学習内容を整理して図式化する。そして,その図式をどのように見るかについても理解を深める。
教訓帰納	はじめはなぜ解けなかったのか,問題に取り組むことで何がわかったかを考え,「教訓」という一般的なルールを抽出させて今後に活かせるようにする。

(市川,1993をもとに作成)

えでアセスメントをし，必要に応じて家庭環境を調整したり，子どもの自尊感情等を高めるための働きかけを行う。

❹ 青 年 期

青年期における最も重要な発達課題は，アイデンティティを形成し，養育者からの心理的な自立を図ることである。以下ではアイデンティティの形成における問題，対人関係をめぐる問題の順にみていく。

(1) アイデンティティの形成における問題とその対応

a．青年期における身体面と認知面の変化

思春期に第二次性徴が現れて以降の身体発育は，青年期の心理や行動に影響を及ぼす。たとえば，親よりも身長が高くなることで親との関係が変化したり，性的成熟に伴い異性への関心が高まり，異性と交際するようになったりする。一方，青年期には認知面における変化も生じる。青年期に前頭葉の発達に伴いメタ認知が急速に向上すると，情報処理能力が飛躍的に高まる。その結果，青年期には，物事を絶対的ではなく，相対的にとらえることができるようになり，そのために認識に葛藤が生じてその解決に取り組むようになる。たとえば，社会の現実と自分の価値観との間での葛藤を抱え，その葛藤を解決しようとし始めるのである。

b．アイデンティティの形成

身体や心理・行動面が児童期とは変化した青年期には，自分に戸惑いを感じて「自分は何者なのか」と自問自答したり，自分はどこへ向かっているのかと将来に対して期待と不安を抱えながら，自己の内面に目を向けて探究していく。エリクソンが青年期の心理・社会的危機とする「アイデンティティ対アイデンティティ拡散」とはこの状態を指す（第2章参照）。青年は「これが自分だ」という感覚を求めてさまざまな活動や関係に取り組んでその中から取捨選択をし，有意味だと感じられるものに傾倒していく。そうした過程を経てアイデンティティを形成するのである。

c．第二反抗期

幼児期における第一反抗期は，幼児が自分でできることが増えるなかで養育者の意向と対立して生じるものである。依存から自立の過程で最初にみられる自我の芽生えといえる。一方，青年期にも，養育者を批判的にみたり，口答えや反抗的な態度をとるなどがみられるようになる。これも依存から自立への過程で現れるものであり，第二反抗期と呼ばれる。しかし，依存と自立は二律背反的なものではなく，第一反抗期の幼児が自立の主張と甘え（依存）を交互に繰り返すように，青年もまた両者の間を揺れながら，真の自立を果たしていく。

d．アイデンティティの形成過程における問題と対応

アイデンティティを確立するための過程で，青年は養育者や教師に反抗したり，さまざまな活動や関係に取り組む中で，周囲の人々の価値観や規範に反する行動に積極的に関与し，養育者や教師などとの間に葛藤が生じることがある。そのような葛藤経験は，青年を孤立させたり，心理的に深く傷つけてしまう可能性もある。とりわけ，養育者が子どもとの関係性を盾に子どもの行動をコントロールしようとするときにそうした問題が生じやすい。養育者の要求や期待に反することをすれば，自分と養育者との関係が壊れるかもしれないと恐れている子どもは，心理的問題を起こしやすいことが指摘されている[19]。子どもにとって重要な他者である養育者や教師は，子どもとの信頼関係に条件をつけることなく関わり，適度な自己決定を認める態度が子どもの自立への健全な発達を支えると考えられる。

（2）対人関係をめぐる問題とその対応

a．青年期の友人関係

青年期は仲間集団（ピア・グループ，第5章参照）が重要になり，家族よりも，友人と過ごす時間が多くなる。その中で，他者の期待に応える行動である同調（conformity）の圧力に対する感受性が変化する（図7-3参照）[20]。児童期には親の圧力への感受性の方が仲間の圧力への感受性よりも強いが，中学生ではそれが逆転する。しかし，高校生になると，仲間の圧力が増大しても，感受性が低下するので，同調せずに自律的な行動がとれるようになる[21]。中学生くらいの年代は，自分を抑えて仲間に同調するという葛藤を経験しやすいとい

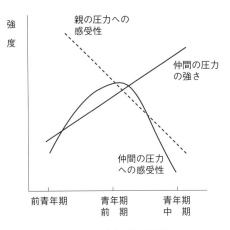

図7-3 青年期の同調
(Steinberg, 2008, p. 318)

える。青年期のこうした心性は，学校現場におけるいじめ問題の背景になると考えられる。いじめの対応については第8章で論じる。

b．恋愛関係

青年期には，性成熟に伴い恋愛関係も経験するようになる。恋愛関係における交際の初期の段階では，相手に賞賛されることで自信を高めようとする「アイデンティティのための恋愛」[22]の傾向がみられるという。その特徴は，①相手からの賞賛を求める，②相手からの評価が気になる，③しばらくすると，相手から好意を寄せられていることに対して飲み込まれる不安を感じる，④（相手が自分を嫌いになったのではと気になり）相手の挙動から目が離せなくなる，⑤結果として交際が長続きしないというものである。青年期においては，恋愛も「アイデンティティの形成」という発達課題に関わっているといえる。それに対して，成熟した恋愛には，自分だけの利益にこだわるのではなく，互いの幸せを願う相互性が必要である。

c．スチューデント・アパシー

まじめな生徒が急に学習意欲を喪失し，授業を欠席したり試験を受けない状態が続き，しかも本人は状況を深刻にとらえず，抑うつや不安などの明確な症状がみられない状態は，スチューデント・アパシー（student apathy）と呼ば

れる。本人が「悩まない」ようにみえる点が特徴である。このような青年は，他者の期待を先取りして動くことが習慣化し，他者と本音で向かい合う関わりをもたずにきたために，自分の感情をとらえることが困難になり，自身の問題に直面しても悩めなくなっているのではないかと指摘されている。対応としては，援助者が本人と信頼感のもてる関係をつくり，人との関わりの中で徐々に自身の感情に触れ，悩めるように導くのが良いと考えられる。

　d．社会的引きこもり

　社会的引きこもりとは，厚生労働省によれば，統合失調症やうつ病などの精神疾患以外で，6か月以上にわたって自宅に引きこもり，学校や仕事などの社会的な活動に参加しない状態が持続しているものを指す。引きこもっている人たちは，自由な生活を送っているように見えても，内面では不安感，焦燥感，劣等感，絶望などを抱えて苦しんでいる。また，本人の独力ではその状態から脱することは困難であり，自分から相談機関につながることも難しい。したがって，問題への対応においては，家族と持続的に関わりながら，家族を通して間接的に本人に働きかけ，本人の潜在的な能力を見いだしてそれを引き出していく姿勢が基本となる。

> **演 習**
>
> 　表7-1のハヴィガーストの発達課題における，乳幼児期から青年期にかけての発達課題を読み，自分が達成している課題はどれか，まだ達成していない課題はどれかを考えてみよう。さらに，達成していない課題については，これからその課題を達成するうえでどのような取り組みが必要か，あるいはどのような援助を必要としているかを検討し，具体的に書き出してみよう。

●引用文献

1) Havighurst, R.J.：Human development and education. New York：David McKay, 1953（荘司雅子 訳：人間の発達課題と教育，玉川大学出版部，1995）
2) Zeanah, C.H., Boris, N.W.：Disturbances and disorders of attachment in early childhood. In Zeanah, C.H.（Ed.）Handbook of infant mental health, 2nd ed., pp. 353-368, New York：Guilford, 2000
3) Zeanah, C.H., Boris, N.W., Lieberman, A.F.：Attachment disorders of infancy. In Sameroff, A.J., Lewis, M. & Miller, S.M.（Eds.）, Handbook of developmental psychopathology 2nd ed., pp. 293-307, New York：Kluwer Academic / Plenum Publishers, 2000
4) Zeanah, C.H., Mammen,O., Lieberman, A.：Disorders if attachment. In Zeanah, C.H.（Ed.）, Handbook of infant mental health., pp. 322-349, New York：Guilford, 1993
5) 無藤隆・内田伸子・斉藤こずゑ 編著：子ども時代を豊かに―新しい保育心理学―，学文社，1986
6) 佐藤正二：引っ込み思案と社会的スキル．相川充・津村俊充 編：社会的スキルと対人関係，pp. 93-110，誠信書房，1996
7) 仲田洋子：治療的な活用．小林正幸・相川充 編：ソーシャルスキル教育で子どもが変わる―楽しく身につく学級生活の基礎・基本，pp. 159-196，図書文化，1999
8) 菅原健介：対人不安と社会的スキル．相川充・津村俊充 編：社会的スキルと対人関係，pp. 111-128，誠信書房，1996
9) 相川充：孤独感と社会的スキル．相川充・津村俊充 編：社会的スキルと対人関係，pp. 129-145，誠信書房，1996
10) 佐久間路子・遠藤利彦・無藤隆：幼児期・児童期における自己理解の発達―内容的側面と評価的側面に着目して．発達心理学研究，11, 176-187, 2000
11) Asher, S.R., Coie, J.D.：Peer rejection in childhood. New York：Cambridge University Press, 1990（山崎晃・中澤潤 訳：子どもと仲間の心理学：友だちを拒否する心，北大路書房，1996）
12) Kupersmidt, J.B., Dodge, K.A.：Children's peer relations：From development to intervention. Washington D. C.：American Psychological Association, 2004（中澤潤 訳：子どもの仲間関係－発達から介入へ，北大路書房，2013）
13) Dodge, K.A.：A social information processing model of social competence in children. In Perlmutter, M.（Ed.）The Minnesota symposium on child psychology, Vol. 18. pp. 77-125. Hillsdale, N J：Erlbaum, 1986
14) Dodge, K.A., Pettit, G.S., McClaskey, C.L., Brown, M.M.：Social competence in

children. Monographs of the Society for Research in Child Development, 51 (Serial No. 213), 1986
15) Achenback ,T.M., Edelbrock, C.S.：Behavioral problems and competencies reported by parents of normal and disturbed children aged 4 through 16. Monographs of the Society for Research in Child Development, 46（Serial No. 188), 1981
16) 中澤潤：幼児期Ⅱ．中澤潤 編：発達心理学の最先端，pp. 103-125, あいり出版，2009
17) 北尾倫彦：不適応の理解と指導．北尾倫彦・中島実・林龍平・広瀬雄彦・高岡昌子・伊藤美加：精選コンパクト教育心理学―教師になる人のために―, pp. 106-115, 北大路書房, 2006
18) 市川伸一 編：学習を支える認知カウンセリング―心理学と教育の新たな接点―, ブレーン出版，1993
19) Barber, B.K.：Parental psychological control：Revising a neglected construct. Child Development, 67, 3296-3319, 1996
20) Steinberg, L.：Adolescence (8th ed.) New York：McGraw-Hill, 2008
21) 藤原正光：同調行動の発達的変化に関する実験的研究―同調性におよぼす仲間・教師・母親からの集団圧力の効果，心理学研究，47, 193-201, 1976
22) 大野久：人を恋するということ．佐藤有耕 編：高校生の心理1 広がる世界, pp. 70-95, 大日本図書，1999

第8章

教育現場での心理的問題と対応

　この章では教育現場でみられる心理的問題とその対応について学ぶ。まず教育現場におけるスクールカウンセラーの役割と位置付けとを明確にする。スクールカウンセラーも学校組織の中の一員として位置付けられ，常に教員との連携が求められる。学校の中にはスクールソーシャルワーカーという仕事もある。スクールソーシャルワーカーとの違いについても説明する。スクールカウンセラーは教育現場で起こるさまざまな問題に対処していかなければならない。その中でも不登校やいじめ，非行は深刻な問題である。これらの問題とその対処法について概説する。

1　スクールカウンセラーの役割

(1) 学校組織の中でのスクールカウンセラーの位置付け

　2017年に学校教育法施行規則の一部が改正されて，その中でスクールカウンセラー（school counselor；SC）とスクールソーシャルワーカー（school social worker；SSW）の名称と職務が明記されるようになった。学校教育法施行規則第65条の2で「スクールカウンセラーは，小学校における児童の心理に関する支援に従事する」とされ，他の学校の規則にもこれが準用されることが定められた。また第65条の3で「スクールソーシャルワーカーは，小学校における児童の福祉に関する支援に従事する」と明記された。今までSCの多くは民間資格である臨床心理士が担っており，学校外部の専門家と認識されることが多かったが，ようやく学校内での法的な位置付けが明確にされた。国

家資格である公認心理師が2015年に誕生したので（施行は2017年），今後は多くの公認心理師がSCの職を担うようになり，その役割と責任とはいっそう大きくなると考えられる。

公認心理師法第42条では，公認心理師は多職種との連携が義務付けられている。したがって公認心理師がSCの業務を担う場合には，「チーム学校」の一員として学校の諸関係者と緊密な連携をとりつつ，児童・生徒や保護者，教師たちの支援を，あるいは学校全体の支援を行っていく必要がある。

実際に教育現場で子どもを支援する場合には学校・家庭・地域との連携が不可欠で，そのときにSCは福祉機関や医療機関などとの多職種連携のキーパーソンとなる。

(2) スクールカウンセラーとスクールソーシャルワーカー

SCが誕生したのは，1995年に文部省（現・文部科学省）が着手した「スクールカウンセラー活用調査研究委託事業」による。当時は不登校が増え続け，児童・生徒に対する心理的支援の充実が必要だと考えられた。いじめによる自殺も社会問題となった。そこで，児童・生徒に対するカウンセリング機能の充実を図るために，臨床心理学の知識と実践経験とをもつSCが教育現場に配置されるようになった。2005年以降には公立中学校の全校配置が，地域によって格差があるものの，概ね実現されるようになった。現在の公立学校では，多くのSCが活躍している。

SSWが誕生したのは2008年で，文部科学省が行った「スクールソーシャルワーカー活用事業」に始まる。SSWは，国家資格である社会福祉士や精神保健福祉士の有資格者が教育現場に赴いて，社会福祉の視点から学校の支援を行う。不登校や暴力行為，児童虐待などの児童・生徒に関わる問題行動の背景には，家庭，友人関係，地域，学校などの環境面での問題が複雑に絡み合っている。学校の枠を越えて児童・生徒が置かれている環境面に働きかけることのできる人材が必要であり，関係諸機関との連携をとりネットワークの構築などを行い，問題解決のためのコーディネーター的な役割を担うことが期待された。

SCとSSWの職務は互いに重複する点が多い。しかし，SCは主に児童・生徒の心理面でのアセスメントを行い，個人の心理的特性や発達水準，心理的葛

藤，集団内での行動特性や対人関係などに焦点を当てて心理的支援を行う傾向が強い。それに対してSSWは，個人が置かれている社会環境面に着目して児童相談所や福祉事務所，警察などの関係諸機関との連携をとり，地域のネットワークを構築したうえで支援を行う傾向が強いといえる。たとえば家庭環境に問題があり，福祉的な支援の必要性があるような場合には，SSWは福祉事務所や民生委員などと連携をとり，社会保障や生活保護などの自立支援に関する業務も行う。SCもSSWも，「チーム学校」の一員として学校を取り巻く人々の支援を行い，それは学校組織そのものを活性化させることにつながるのである。

❷ 不登校

(1) 不登校の現状

　文部科学省によれば，不登校とは「何らかの心理的，情緒的，身体的，あるいは社会的要因・背景により，児童生徒が登校しないあるいはしたくともできない状況にあるため年間30日以上欠席した者（ただし「病気」や「経済的理由」によるものは除く）」と定義されている。文部科学省による「児童生徒の問題行動・不登校等生徒指導上の諸問題に関する調査」（2017年度）では，不登校児童・生徒の人数は小学生が35,032人で，これは全児童数の0.54％になる。そして中学生が108,999人で，これは全生徒数の3.25％である。小学生だと200人に1人くらいが不登校で，中学生だと100人に3人くらいが不登校であるといえる。長期的にみると，不登校の人数は増加している。たとえば20年前の1996年度には，不登校の小学生が0.24％で中学生が1.65％であったのに対して，10年前の2006年度には小学生が0.33％で中学生が2.86％である。そして現在（2017年度）は14万人を超えている。

　上記調査では，中学校の不登校は「個人に係る要因」として「『不安』の傾向がある」がいちばん多い（32.1％）。そして「『無気力』の傾向がある」（30.6％），「『学校における人間関係』に課題を抱えている」（17.7％），「その他」（14.6％），「『あそび・非行』の傾向がある」（4.9％）が続く。不登校の個人要因としては，

生徒の無気力や不安の要因が大きく関与しているといえる。「学校に係る状況」としては「いじめを除く友人関係をめぐる問題」が最も多く（28.2％），次が「学業の不振」（21.8％）であった。このことから，学校内での人間関係の要因と学業の不振とが，不登校に関わる要因として強く認識されていることがわかる。

（2）不登校の変遷

　不登校の問題は，1940年代にアメリカで母子分離不安による学校恐怖症として最初に報告された。日本で不登校が注目されたのは1960年代で，当時は日本でも学校恐怖症と呼ばれ，不登校はまだ希少なケースであった。1970年代には登校拒否症と呼ばれることが多くなり，学校に行けないのは個人の神経症的傾向や家庭の病理が中核にあると考えられた。1980年代になると不登校の数は増え続け，決して珍しいケースではなくなった。1980年代の初めには，全国の中学校で校内暴力が問題化され，管理教育を徹底させる学校の体制が批判された。不登校はもはや個人の特殊な病理や特別な家庭の問題ではなく，教育問題であり学校の病理を反映していると考えられた。呼び方も，登校拒否症から登校拒否と呼ばれるようになった。

　1990年代になると，不登校は一般的にみられるようになった。また神経症的傾向による不登校だけではなくて，葛藤がみえない不登校や発達障害が背景にある不登校，虐待が背景にある不登校などさまざまなタイプが混在するようになり，多様化していった。そして，不登校は個人や家庭や学校だけの問題ではなく社会全体の問題であり，この背景には社会病理が反映されているとみなされた。文部科学省は，不登校は誰にでも起こり得る問題であるという見解を示した。呼称も登校拒否から不登校に変わった。

（3）不登校のタイプ

　かつて不登校の中で大多数を占めていたのが神経症型の不登校である。それは学校に行きたいという気持ちはあるのだが，朝になると腹痛や発熱などの身体症状が現れて登校できなくなるタイプである。学校に行きたくても身体が言うことを聞かないので行くことができず，本人は苦しみ葛藤する。学校に行けないことに対する罪悪感も強く，焦燥感もある。このタイプの不登校に対して

登校を促したり，説諭したりするなどの登校刺激を与えると，本人の葛藤を増強するだけの結果となる。そのためにむやみに登校刺激を与えずに，本人の登校意欲が高まるまで辛抱強く見守るような対応がなされてきた。しかし最近では登校できないことに対する葛藤がみられない，無気力型の不登校が増えてきている。そのような場合には，教師や級友が積極的に呼びかけるなどの登校刺激を計画的に提示することが功を奏することもある。

　発達障害が背景にあり，二次障害として不登校が併発しているタイプも少なくない。自閉症スペクトラム障害や注意欠如・多動性障害などの発達障害があると，障害特性のために学校での適応が難しい。障害特性のために，さまざまな状況で不適切な行動をとり，そのたびに教師からの叱責や級友からの非難が繰り返され，自尊感情が低下する。いじめの対象となることも多い。こういった学校での失敗体験は学校での居場所を失い，二次障害として不登校を併発する。このような場合には，神経症型の不登校とは異なった対応が必要になる。SCは，不登校の児童・生徒の背景にどのような要因があるのかを常にアセスメントしなければならない。そして，アセスメントの結果を関係者に伝え，不登校の要因に応じた対応をする必要がある。

(4) 不登校の支援

　不登校の児童・生徒に対して学校側に求められる支援は，①本人と家族に対する支援，②校内でのチーム支援，③外部の専門機関とのネットワーク支援である。不登校の場合は，本人が担任の教師やカウンセラーに会いたがらないことが少なくない。また家族が疲弊していたり，混乱していたりする場合もある。そのような場合には，家族の不安や心配，悩みに寄り添うことで，家族が少しでも気持ちにゆとりをもって本人や問題に向き合うことができるように継続的に支援をすることが必要である。校内でのチーム支援では，まずそれぞれの教員の役割を明確化することが重要である。そして学校全体での情報の共有が必須である。情報の共有化によって連携・協働が可能になる。不登校の児童・生徒と家族の状況は常に変化するので，定期的に校内でのケース会議を開催する必要もあるだろう。

　発達障害が背景にある不登校では，医療機関との連携が必要になる場合が少

なくない。また虐待が背景にある場合には，児童相談所や福祉事務所などと連携をとる必要がある。外部の専門機関との連携をとるためにSCが積極的に関与して，学校からの情報を外部の専門機関に伝えたり，外部の専門機関から得たアドバイスなどを学校に伝達したりすることもある。不登校の多様化と複雑化に伴い，外部の専門機関とのネットワークを構築することが今後はますます求められるようになるだろう。

3 いじめ

(1) いじめの現状

2011年に大津市中2いじめ自殺事件が起きたのを契機に，2013年にいじめ防止対策推進法が施行された。この法律の下でいじめの定義が修正された。その定義は，「児童等に対して，当該児童等が在籍する学校に在籍している等当該児童等と一定の人的関係にある他の児童等が行う心理的又は物理的な影響を与える行為（インターネットを通じて行われるものも含む。）であって，当該行為の対象となった児童等が心身の苦痛を感じているものをいう」である。

いじめの定義は1994年にも2006年にも変更された。図8-1が示すように，いじめの定義が変わるたびにいじめの認知件数が変化（増加）している。文部科学省は学年別のいじめの認知件数の統計も不登校と同様に，p.126の前出の調査で発表している。傾向としては，小学校2年生がピークで学年が進むにつれて減少するが，中1で再び増加する。そして学年が上がるにつれて減少している。男女別でみると，小学校ではどの学年も男子の方が女子よりも5千人ほど多いが，中学校では男女差が小さくなる。たとえば2017年度では，小学校全体のいじめの認知件数は男子によるものが177,547件であったのに対して，女子は139,574件であった。中学校では男子が45,097件で，女子が35,327件である。

いじめが発見されるきっかけは，「アンケート調査などの学校の取り組み」によって発見されることが最も多く，全体（小学校・中学校・高等学校・特別支援学校）の52.8％である。次いで「本人からの訴え」（18.0％）と「学級担任が発見」（11.1％），「当該児童生徒（本人）の保護者からの訴え」（10.2％）

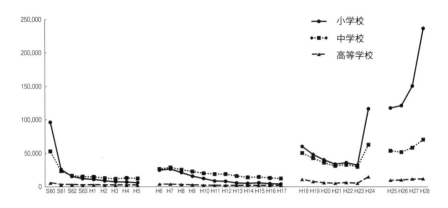

図 8-1　いじめの認知件数
（文科省 HP をもとに作成）

と続く。いじめを発見する手段として，学校側がアンケート調査などの聞き取りをすることが有効であることがわかる。

(2) いじめの内容

　いじめを大別すると，①言葉によるいじめ，②暴力によるいじめ，③性的いじめ，④無視，⑤インターネットによるいじめに分類できる[1]。いじめ防止対策推進法では，いじめによって「生命，心身又は財産に重大な被害が生じた疑いがあると認めたとき」と「相当の期間学校を欠席することを余儀なくされている疑いがあると認めるとき」とを重大事態としている。これはいじめによる自殺（自殺未遂）や精神疾患，長期にわたる暴力行為，金品の強奪などによって重大な被害が生じた場合や，長期欠席をせざるを得ない状態になる場合をいう。重大事態が発生したときには，学校は速やかに教育委員会などに報告をして，事実関係を明確にするための調査を行わなければならない。

　文部科学省の前出調査（2017 年度）によれば，いじめの内容としては言葉によるいじめが最も多い。言葉によるいじめは「冷やかしやからかい，悪口や脅し文句，嫌なことを言われる」に相当するもので，認知件数は全体の 62.3％である。いじめる側は「ちょっとからかってみただけ」と軽く考えていて罪の意識が薄い場合が多い。しかし悪口の内容によっては，いじめられる側にとっ

ては心に深刻なダメージを受けることが少なくない。

　暴力によるいじめについては，文部科学省の同調査では「軽くぶつかられたり，遊ぶふりをして叩かれたり，蹴られたりする」（21.0%）と「ひどくぶつかられたり，叩かれたり，蹴られたりする」（5.8%）などに相当する。暴力による脅かしによって金品をたかられることもある。また，「金品をたかられる」の認知件数を全体の1.2%としている。全体からみると少ない割合にみえるが，実数でみると4,896件であり，決して少ない数ではないことがわかる。暴力によって金品を巻き上げられるだけではなく，万引きなどの犯罪行為を強要され，本人の意思に反して非行を重ねるようになることもある。

　性的いじめは，文部科学省の分類では「嫌なことや恥ずかしいこと，危険なことをされたり，させられたりする」に相当するもので，全体の7.6%である。ただし，この7.6%のすべてに性的いじめが含まれているわけではなく，実際の件数は定かではない。性被害を受けた児童・生徒は，被害の内容を話さない傾向にあるので，実際には発覚されていないケースが多数あると推測される。性的いじめでは，人前での自慰行為の強要やわいせつ行為，強姦にまで発展する深刻なケースもある。このような被害を受けた場合には，心的外傷後ストレス障害（PTSD）として心に大きな傷を負い，心理的なケアが必要になることもある。

　無視は，文部科学省では「仲間外れ，集団による無視をされる」に分類されており，2017年度では全体の14.1%である。無視は言葉によるいじめや暴力によるいじめとは異なり，相手を存在しないものとして扱う。声もかけず，目も合わせず，口もきかず，徹底的に無視して孤立させる。無視されると，完全に孤立した状態で一日を過ごさなければならなくなる。非常に苦しく心理的に追い詰められた状態になることは容易に想像できるであろう。

　インターネットによるいじめについて文部科学省は「パソコンや携帯電話等で，ひぼう・中傷や嫌なことをされる」と分類している。認知件数は全体の3.0%であるが，学校種別にみると小学校が1.1%，中学校が8.0%，高等学校が17.5%，特別支援学校が8.8%であり，高等学校に多くみられる。これは携帯電話（スマートフォン）の所有率とも関係している。パソコンや携帯電話（スマートフォン）を利用して，インターネットの掲示板などに悪口を書き込んだ

り，無断で個人情報を掲載したり，ラインなどのSNSで誹謗中傷したり，第三者になりすましてメールを送って仲違いをさせたりと，いじめが多様で巧妙になっている。グループラインなどは閉鎖された中で行われるために，いじめが発覚されにくい。

(3) いじめへの対応

いじめが発見されたときの最初の対応は，子どもに寄り添う形で親身になって話を聴き，そのつらさや苦しさを受け止めることである。そして次の5つについての配慮を行う[2]。それは，①心のケアと身体の安全を保障すること，②子どもをいじめから守る大人の毅然とした姿勢を示すこと，③一緒になって問題について考えて子どもの心を解きほぐすこと，④「居場所」のある学校・学級生活をつくること，⑤孤立させない温かい人間関係づくりに努めることである。被害を受けた子どもに対応するときには，いじめによってどの程度，心の傷を負っているのかを十分にアセスメントする必要がある。そして最終的にはできる限り自尊感情を回復させ，問題に向き合い，自分を成長させていく能力を育てるように支援していく。そのためにも，大人が子どもをきちんと守る姿勢を本人に示さなければならない。大人が問題に対して及び腰であったり，問題を軽く見積もっていたり，問題に向き合おうとしなかったりすると，子どもは心を開かなくなるばかりか，問題がいっそうこじれる。

いじめをした子どもに対しては，まずいじめをしたことの重大性に気付かせることが不可欠である[2]。そして①自分本位な行動の改善と内省の機会とを与え，いじめられた子どもの傷つきについての理解を促す。②不平不満について耳を傾け，その原因を明らかにする。③自分なりのストレス対処法を身に付ける。④将来への希望や夢をもたせるなどの指導や支援を行う。この指導や支援は短期間で済むのではなく，事後も長期的に続けるようにする。いじめに対する指導を行うときは，担任の教師だけに任せるのではなくて，学校全体でチームを作って取り組まなければならない。つまり学校の教職員間の連携が求められる。また，いじめの内容によっては保護者が警察に被害届を提出するなど，法的な処遇をとらざるを得ない場合もある。

いじめは被害者と加害者のほかに，観衆と傍観者によって成り立っている。

観衆は直接には手を下さないが，囃し立てたり面白がって見ていたりする形でいじめに参加する。傍観者はいじめに無関係・無関心という立場で黙って見ている。実際には観察者がかつていじめられる立場であったり，傍観者が次のターゲットになるのではないかと内心では恐怖心を抱いていたりする。観察者も傍観者も葛藤を抱えており，どちらも深く傷ついていることが多々ある。したがっていじめが発見されたときには，クラス全体に対して入念なケアが求められる。

❹ 少年非行

(1) 少年非行と法的処遇

　少年非行は法的な概念である。少年法第3条では，少年非行を①14歳以上20歳未満の罪を犯した少年（犯罪少年），②14歳未満の刑罰法令に触れる行為をした少年（触法少年），③20歳未満で将来に罪を犯し又は刑罰法令に触れるおそれがある少年（ぐ犯少年）の3つに分類している。少年法では14歳以上を刑事責任年齢としているので，罪を犯した少年が14歳以上の年齢に達しているか否かで処遇が異なる。したがって①の犯罪行為も②の触法行為も刑罰法令に触れる行為には変わりないのだが，②の14歳未満の場合には刑事責任年齢に達していないので刑事責任は問われないことになる。ぐ犯（虞犯）とは，将来的に罪を犯す危険性がある行為をすることをいう。具体的には，少年法では，①保護者の正当な監督に服しない性癖のあること，②正当な理由がなく家庭に寄り付かないこと，③犯罪性のある人若しくは不道徳な人と交際し，又はいかがわしい場所に出入りすること，④自己又は他人の特性を害する行為をする性癖のあることの4つを指す。

　少年非行を取り締まるのが警察署や検察庁の役割であり，処分の決定には家庭裁判所が関与する。保護処分が決定されれば保護観察所，児童養護施設，児童自立支援施設，少年院が関わる。ただし，これらは刑罰法令上の罪を犯した少年に関することである。教育現場では，もう少し広義に「非行」をとらえる必要がある。すなわち学校のルール違反，遅刻・無断欠席，授業離脱，授業妨害，服装違反，教師に対する反抗的な態度，禁止場所への出入りなどの不良行為

は，警察が関与することがなくても，教育現場では広義の「非行」として指導をするなどの対応が求められる。

(2) 少年非行の変遷と現状

戦後の少年非行の検挙者数から，日本の少年非行には1951年，1970年，1983年，2003年をピークとする4つの波がある[3]。非行は社会背景と密接に関連しており，社会背景によって非行の性質も変わってくる。終戦直後の1945年から1959年頃までが第Ⅰ期である。この時期は窃盗を中心とした生活のための貧困型非行が多かった。第Ⅱ期は1960年から1975年頃までである。この時期は高度経済成長により国民全体の生活が豊かになり，遊ぶための金品を奪う窃盗が増えた。また全国で学園紛争の波が吹き荒れ，権力に対する反抗を示す反抗型非行が多発した。第Ⅲ期は1976年から2000年頃までである。この時期は，経済不況からバブル経済を経てバブル崩壊へと続き，日本の経済状況が目まぐるしく変わった。この急激な経済変動の中で，遊び型非行や校内暴力が頻発した。校内暴力はやがて警察の介入などによって抑えられたが，今度は陰湿ないじめや普通の子どもがいきなりキレて暴力を振るうような事件が起きるようになった。第4期は2001年から現在までである。この時期にはネット型非行が増えたのが特徴で，インターネットを利用した少年非行やいじめが多発している。特にインターネット上の出会い系サイトや詐欺の受け子などの危険なアルバイトに伴う非行が増えた。

法務省の統計によれば，2017年に刑法犯などとして検挙された少年の人数は35,108人である（『平成30年版　犯罪白書』）。10年前（2007年）の121,165人に比べると，約3分の1に減少している。2017年の検挙者の中で最も多いのが窃盗である。これは全体の59.9％を占める。次いで横領が多い（10.7％）。横領の中でも遺失物の横領がほとんどを占めている（10.6％）。性犯罪である強姦は0.4％，強制わいせつは1.6％である。凶悪犯罪とされる殺人は0.1％，強盗が0.8％，放火が0.3％とそれぞれの数は少なく，減少傾向にある。暴力犯罪である暴行が4.3％で傷害が7.2％となっており，これも減少傾向にある。凶悪犯罪や暴力犯罪をはじめ少年犯罪は減少傾向にある。それは，2000年の少年法の改正や2004年の道路交通法の改正などの法的な厳罰化が影響した可能

性も考えられる。2000年の少年法の改正では，刑事処分の可能年齢が16歳から14歳に引き下げられた。2007年にも少年犯罪の凶悪化や低年齢化に対応するために，少年法が改正されている。この改正では少年院送致の年齢下限を14歳以上から「おおむね12歳以上」に引き下げた。このように少年犯罪は減少しているのだが，不登校や若年無業者の数は増加している。現在の若者は反社会的な傾向が減っている反面，非社会的な傾向が高くなっているとも考えられる。

(3) 少年非行の要因

少年非行とは法的な用語であり，医学的には少年非行を素行障害という。素行障害は注意欠如・多動性障害（ADHD）と密接な関わりがあり，ADHDの25〜32％に素行障害が併存している[4]。ADHDなどの発達障害があると学校での適応が難しい。度重なる失敗と叱責や級友たちからの非難やからかい，いじめなどによって自尊感情が下がり，劣等感，疎外感，孤独感，被害感などが高まり，不登校などの二次障害を示す子どももいる。その中の一部が素行障害となる。

素行障害のリスクファクターとしては，知能の低さ，言語機能の低さ，実行機能の障害が指摘されている[4]。知能と言語機能の低さは学業成績の低下をもたらし，それは学校文化からの逸脱と学校規範への反抗につながる。実行機能とは目標に向かって自分の行動や思考を制御する機能であり，目標の設定，計画と実行，効果的な行動の選択などを構成する。実行機能が適切に働けば，課題遂行や問題解決をスムーズに行うことができる。実行機能は，大脳辺縁系の扁桃体や前頭葉の背外側前頭前野などが関係している。

これらは素行障害に関する生物学的な要因であるが，少年非行に関する心理的な要因としては，欲求不満耐性の低さと行動化の傾向，罪悪感の乏しさがある[3]。また少年非行の心理的な特徴として，否定的な自己イメージの形成，自己管理能力の不足，コミュニケーション能力の低さが挙げられる[5]。否定的な自己イメージは「何をやっても自分はダメに決まっている」という意識につながり，刹那的な行動をもたらす。自己管理能力が不足していると基本的な生活習慣を身に付けることができず，短期的にも長期的にも計画的に行動すること

ができなくなる。コミュニケーション能力の低さは,他者と円滑に関わるためのソーシャルスキルが身に付いていないことによる。これは言語機能の低さにも関係しており,自分の感情や要求を適切に言語表現することができなかったり,自分の言動が他者に与える影響を省みることができなかったりする。

　家庭的な要因としては,まず虐待が挙げられる。特に身体的虐待とネグレクトは非行との関連が強い。親との死別や両親の離婚などの家庭の構造的欠損も非行のリスクファクターとなる。最近,増加しているシングルマザーの家庭も非行のリスクを高める。それは経済的な困窮(貧困)や親子のコミュニケーションの不足,生活の余裕のなさからくる養育や教育の低下などが原因であると考えられる。すなわち子どもに対するサポートが十分になされず,それが少年非行のリスクを高めると推測される。劣悪な家庭環境,あるいは機能不全の家庭環境は非行のリスクを高めるといえる。非行少年と関わるときには,彼らの家庭環境を十分に考慮する必要がある。彼らは,崩壊した家庭に身を置いていることが少なくない。崩壊というのは,家族の団らんがないとか親子の会話がない,親が放任しているというような象徴的なレベルではなく,本当に物理的に崩壊した家庭に身を置いているのである[6]。育児と家事とを放棄した母親が夜の仕事に行って朝になっても帰らず,中学生の長女が母親の代わりにきょうだいの食事を作り,掃除や洗濯をしているような家庭もある。あるいはDVのために母親が家を出て帰らず,父親もほとんど家を空けており,子どもだけが両親とほとんど顔を合わすことなく暮らしていることもある。

　社会的な要因としては,学校における学力偏重教育や教師の指導力の不足,クラスの荒れた雰囲気,生徒間のいじめや差別の問題などが考えられる。前述のようにインターネットの普及によって,手軽に出会い系サイトや危険な掲示板にアクセスすることができるようになった。このような少年非行は25年前にはみられなかったものである。少年非行の様態も文化や社会環境によって変化するのである。

(4) 少年非行への対応

　ほとんどの少年非行は,最初は軽微な逸脱行為から始まり徐々に悪化しいく。この悪化には5つの段階がある[5]。それは,①最初の規則違反,②社会的規範

との葛藤，③非行行動の継続，④非行集団への忠誠と一体感，⑤非行ギャング化とヒエラルキーの上昇の5段階である。教育現場で非行問題に対応するためには，まずは少年非行がどの段階であるのかをアセスメントする必要がある。悪化の第3段階は薬物摂取，援助交際，恐喝などが関係し，第4段階は暴走族などの非行集団が関与する[5]。これらの段階では学校だけですべてを対処しようとするのではなく，警察などの専門機関と連携をとりながら，お互いの役割を明確にして，学校内でできることを教師たちがチームで取り組んでいく必要がある。

　学校内で喫煙や暴力などの問題行動が生じた場合，まずはその生徒に対して指導する必要がある。学校内では，主に悪化の段階における第1段階や第2段階への対処となる。第1段階はまだ初期の段階であるが，第2段階は喫煙や万引き，深夜徘徊などが常態化した状態である。このような場合には，本人を含めた複数の生徒から話を聞いて，事実関係を確認していく。事実関係が明らかになれば保護者に連絡をして，暴力を振るったのであればその相手に謝りに行かせる。そして自分のしたことに対する罪の重さを認識させ，反省を促すような指導が行われる[1]。しかし実際には，謝罪や反省の言葉が本人の自然な感情としてではなく，表面的・形式的なものとなることが少なくない。そのような生徒は，いくら指導をしても非行を繰り返す。このような場合には，可能であれば生徒の気持ちに寄り添って辛抱強く話を聴けるような，また本人と信頼関係が確立された大人が身近に存在することが望ましい。生徒指導的な側面とカウンセリング的な側面とを両立させて，生徒の支援にあたることが重要である。

演習

　以下の文章は架空の事例です。この事例を読んで，もしもあなたがスクールカウンセラーとして担任の先生から相談を受けたとしたら，どのように対応するかを考えてください。そしてグループで意見を出し合って，この事例についてみんなで検討してみてください。

中学校2年生のA子は母,弟の3人家族である。両親はA子が小学校3年生のときに離婚しており,現在は父親がどこにいるのかはわからない。母親は夜遅くまで働いており,帰宅は23時を過ぎることもある。小学校までのA子は明るくて活発であり,目立ちたがり屋であった。小学校時代は学級内のリーダー的存在で,6年生のときにバレーボール部の部長を務めた。しかし,勉強嫌いで地道にコツコツと努力をするのが苦手なために,中学校入学後は次第に授業についていけなくなった。また女子ソフトボール部に入部したものの,球拾いばかりでつまらないという理由から中1の終わりにやめてしまった。クラスではリーダーシップを発揮する機会もなく,次第に髪を黄色く染めたり,スカートを短くしたりするなど,外見的に派手な身なりをするようになった。中2の夏休み前頃に,他のクラスの非行傾向のあるB子と親しくなって,一緒に繁華街での夜遊びや無断外泊をするようになった。中3になると学校を休みがちとなり,登校したときには流行のファッションをひけらかしたり,繁華街の遊びを知っていることを自慢したりするので,クラスではますます浮いた存在になり,さらに登校しなくなっていった。　　　　　　　　　　　　　　（吉村（1998）をもとに作成）

吉村雅世:無断外泊.高野清純 編著:スクールカウンセラー事例ファイル4　非行・校内暴力,福村出版,pp. 79-84, 1998

●引用文献
1）藤田恵津子:いじめ.友久久雄 編著:学校カウンセリング入門　第3版,ミネルヴァ書房,pp. 181-203, 2016
2）藤森和美:いじめ　非行.日本学校メンタルヘルス学会 編:学校メンタルヘルスハンドブック,大修館書店,pp. 612-613, 2017
3）室城隆之:非行.日本学校メンタルヘルス学会 編:学校メンタルヘルスハンドブック,大修館書店,pp. 199-203, 2017
4）原田謙:素行障害.こころの科学,200, 93-100, 2018
5）河村茂雄:非行問題の現状,理解と対応.河村茂雄 編著:生徒指導・進路指導の理論と実際,図書文化,pp. 160-177, 2011
6）内田利広:非行.友久久雄 編著:学校カウンセリング入門　第3版,ミネルヴァ書房,pp. 205-220, 2016

第9章
学校におけるカウンセリング

> 教師に必要なカウンセリング知識やスキルとはなにか，教師はカウンセラーではないので，カウンセリングの知識やスキルは，生徒との人間関係づくり，生徒の自己理解，そしてクラスの生徒同士の人間関係づくり，いじめ・不登校・非行などの問題に対する生徒への対応，発達障害のある生徒への教育的な配慮，保護者との面談などさまざまな場面で用いることになる。本章では，教師に必要なカウンセリング知識やスキル，学校における教育相談体制，スクールカウンセラーとの連携などについて概説する。

1 学校におけるカウンセリングについて

(1) 人間関係をつくる技法

　クラス担任，ホームルーム担任は，生徒の学習面，心理面，進路面，健康面などあらゆる問題に対応することが求められている。最近では生徒同士の人間関係の結び付きが弱く，クラス内でも孤立してしまう生徒もいる。担任はまず生徒との信頼関係，リレーションをつくることが大切である。生徒の関わりができるには，生徒のリレーションができていないと難しい。

　普段から一人ひとり生徒の気持ちに寄り添い，受けいれることが大切である。生徒の話に耳を傾ける，決めつけた見方をしない，いろいろな角度から生徒をみるなどの姿勢が必要である。教師は教科指導に優れていても，人間関係については，専門家ではない。人間関係をつくるカウンセリング技法に触れながら，人間関係をどう形成するか考えてみる。

人間関係をつくる基本技法に「傾聴　アクティブ・リスニング　active listening」がある。相手の話をきくには，「話を聞く」と，「話を聴く」の2つがある。「聞く」はわれわれが一般的に生活の中でしているやり方である。これは，相手の話を自分の都合いいように聞くやり方で，自分中心の聞き方である。相手の話に関心がもてない場合は，耳では聞いているけど，別のことを考えている。しかし，顔をそむけるとか，話をさえぎるとかの態度まではしないので，相手も話を聞いてもらっていると思っている。

　もう一つの「聴く」は，相手の立場にたって，相手の心の世界に入りながら，相手の話に積極的に関心をもって相手の気持ちや感情を受けとめることである。傾聴の「聴く」には，耳，目，心の部分からなり，話が耳から入るだけでなく，目も心も使って聴くという意味である。話している相手の話を聴く際に，注意して話している人の身振り，表情，手振りや姿勢，雰囲気などを目で見て，相手の心の世界で起こっている体験を心でしっかり受けとめるという意味である。

　以下では，カウンセリングの技法について触れてみる。

(2) カウンセリング技法

a．ロジャーズのクライエント中心理論

　ロジャーズ（第4章参照）はクライエント（来談者）とカウンセラーの「リレーション」を重視した立場で来談者中心理論を開発したアメリカの心理学者である。彼はクライエントをあるがままに尊重し受容的・共感的な態度こそが大切だと強調している。ロジャーズの唱えた3つの条件がある。

・無条件の肯定的関心：相手の存在をそのまま，条件をつけずに，そのまま肯定し尊重すること。
・共感的理解：相手の立場にたって，相手の心の内側で生じている感情を聴きとろうとする聴き方である。相手の主観的体験を尊重し，相手の内的枠組みをあたかもその人自身であるかのごとく，相手の感情と意味を正確に感じとることである。
・自己一致：カウンセリングは，カウンセラーが共感的理解して，クライエントが自己不一致の状態から，自己一致できるように支援することがねらいで

ある。しかし，カウンセラーがクライエントの話を聴きながら，すべて肯定的になれるものではなく，自分の感情が否定的になったときに，クライエントへの尊重をもちつつ，それを注意深く表現することである。カウンセラーの自己一致とは，自分の感情と体験の不一致をクライエントに隠し事せずに，透明であることである。しかし，その感情をすべてクライエントにぶつけてしまうことではない。

①受　容　　生徒の話を批判せずに，許容的な態度で話を傾聴する。自分の考えや価値感をいったん置いて，相手の心の世界に入っていく。「そうですね」「そうなんですね」「なるほど」などの応答になる。

　　生徒：最近，学校に行きたくなくなってしまって，休んでいます。
　　教師：そうなんだね。行きたくなくなって，休んでいるんですね。
　　生徒：数学の授業はさっぱりわかりません。
　　教師：そうですか，数学の授業はわからないんだね。

②繰り返し　　クライエントの話を聞いて，ポイントを投げ返す，クライエントの話で，重要と思われるポイント，単語，フレーズをもう一度繰り返す。繰り返しは，カウンセラーが話を聴いていることを相手に伝えることになる。クライエント自身も自己理解が進んでいくのである。

　　生徒：私は，将来の進路を考えると，不安でたまらないんです。
　　教師：不安でたまらないんだね。

③支　持　　クライエントの話に肯定や承認を与えることである。相手の気持ちや感情に同調する気持ちを伝えることである。その際に同調できないことまですべて同調することではない。相手の気持ちを肯定していることは態度や雰囲気でも伝わるものである。相手も肯定してもらうことで，前向きな気持ちになれる。

　　生徒：私は人前では，あがってしまうんです。
　　教師：だれでも人前にでると，緊張してしまいますよね。

④質　問　　クライエントの気持ちや感情，思考の展開を助けるために，質問をする。質問には，オープン・クエスチョン（開かれた質問）とクローズド・クエスチョン（閉じられた質問）がある。オープン・クエスチョンとは，クライエントが自由にいろいろな表現が可能な，聴き方である。「日曜日はどんな

ことをして過ごしますか」,「どうしてそう感じられたのですか」など,カウンセラーがクライエントの気持ちを理解するために行う質問である。クローズド・クエスチョンは,はい,いいえで答えるような質問である。「英語は好きな教科ですか」,「友だちはいますか」などの質問である。質問によって,相手に関心を示すことになり,リレーションをつくるきかっけになる。一方で質問ばかり続くと,取り調べられているようで,相手を追いつめてしまうので,留意する必要がある。

　　オープン・クエスチョン（開かれた質問）
　　教師：試験に落ちて,どん気持ちですか。
　　生徒：がっかりして,情けない。
　　教師：A君とけんかしたのはなぜですか。
　　生徒：僕のことを馬鹿にしたからです。
　　教師：A君はあなたになんて言ったのですか。
　　生徒：数学の試験が落ちたとみんなの前で言いふらした。

　　クローズド・クエスチョン（閉じられた質問）
　　教師：睡眠はとっていますか。
　　生徒：いいえ。
　　教師：では,食事はちゃんと食べていますか。
　　生徒：はい。

⑤明確化　クライエントの感情や思考を整理して,明確にする。クライエントが,まだ自分の感情を表現することができない部分をカウンセラーが,「あなたの感じている気持ちは,……,ということでしょうか」と確認をこめて伝えることである。そうすることによって,クライエントは,カウンセラーにどこまで伝わっているかを確認することもできる。クライエントが漠然としていて,意識化していない感情をカウンセラーが的確にクライエントに伝えることは,クライエントの信頼感を高めることになる。

　　生徒：先生は,いつも明るいですが,秘訣がありますか。
　　教師：○○君は,なんか心配事でもあるの。
　　生徒：読書感想文の提出は,今月の31日までですか。

教師：31日までに提出できない理由があるの？
　生徒：僕は，家が店をやっているので，毎月月末に忙しいからその手伝いをしなきゃいけないので。
　教師：月末は店の手伝で忙しくて，読書感想文の課題をする時間がないんだね。

(3) 行動療法

　行動療法とは，ウォルピ（Wolpe, J., 1915-1997）やアイゼンク（第4章参照）らによって発展してきた心理療法論である。不適応行動や問題行動は，誤った学習，または，未学習の結果と考えている。不適応行動の減少，除去，または新しい行動の形成が介入の目標である（第6章を参照）。

a．オペラント条件づけ

　スキナーの考案した学習理論である（第6章参照）。自発的な望ましい行動は強化し（ほめる，賞を与える），望ましくない行動には罰を与える，あるいは，無視することもある。教師は生徒が望ましい行動をしたらほめるというのがこれにあたる。逆に生徒が問題行動を起こせば，叱ることにより，その問題行動が弱められる。ただし，教師の叱る行動（注意行動）が生徒の問題行動を増加させる場合は，問題行動に対して無視することもある。

　発達障害の児童・生徒の行動などには，ペアレント・トレーニングという子どものスキル・トレーニング法があり，できる行動をほめて子どもに自信をつけさせる方法であるが，オペラント学習理論の行動変容のスキルである。問題となる行動は無視するのが効果的である。

b．観察学習（モデリング）

　バンデュラが提唱した学習理論（第6章参照）で，人は直接経験しなくても，他者の行動を観察することでも，学習行動が生じることである。たとえば，子どもは親の行動を見て真似たりしている。教師は望ましい行動をした生徒をほめることが，他の生徒もその行動を観察して，望ましい行動が起こることがそうである。

(4) 認知行動療法

認知行動療法は，ベック（Beck, A.T., 1921-）によって開発された心理療法で，クライエントの苦痛の原因となっている歪められた不適応の思考を発見し，検証して修正することを目指している。たとえば，電車が事故で運転できないために，定期試験に間に合わなかった場合に，「試験に遅れたから，受けられず試験に落ちた」と考えて，落ち込んでしまうか，「遅れたのは自分のせいでなく，電車の事故であるから，遅延証明書をもらって教務課に提出して，定期試験を再試験してもらう」ように考えて行動するかの違いである。うつ病や不安障害の人は，ネガティブな思考パターンを有しており，認知の歪みがあるため，感情も負の感情ももちやすい。その負の思考や認知の歪みを正の認知や適切な認知に修正するのが認知行動療法である。生徒が試験があるたびに，どうせ自分はやってもできないからと諦めて試験勉強もしないのは，認知の歪みである。その認知を修正することが認知行動療法の目的である。

2 集団療法

カウンセリングの技法には，個人を対象とした個人カウンセリングと集団を対象とした集団カウンセリングの2つがある。学校は集団生活の場であり，生徒同士の人間関係を育む場である。集団カウンセリング技法について学ぶことは生徒の人間関係をつくることや集団生活の適応行動を形成する意味でも重要である。

(1) 構成的グループエンカウンター

感情交流（ふれあい）と自己発見をねらいとして行う集団体験で，枠を与えた中でエンカウンターすることを構成的グループエンカウンターという。ねらいは人間関係をつくることと自己発見である。生徒同士の人間関係をつくるには，適したスキルである。学期の始めにクラス単位や学年集会で生徒同士の人間関係をつくる目的で実施するのがよい。どのようにして人間関係をつくるかといえば，「エクササイズ」である。流れは以下の通りである。

①インストラクション，②ウォーミングアップ，③エクササイズ，④シェアリング。この4つにプロセスを経ながら，構成的グループエンカウンターを行い，学校教育のさまざまな場面で活用していくのである。エクササイズについては，さまざまにあり，実施の対象や目的に応じて，選択すればよい。エクササイズの例は國分[1]を参考にされたい。

(2) ソーシャルスキル・トレーニング

学習理論に基づいた対人関係技法であり，人との付き合いを円滑に行うためのトレーニングのことである。挨拶や，会話のスキル，感情コントロール，自己主張のスキル，謝るスキルなどである。対人関係の技法は，生まれつきではなく，学習して身に付けるものと考えられている。それゆえ，人付き合いが苦手の人は，性格のせいではなく，ソーシャルスキルを獲得していないからと考える。

ソーシャルスキルは，目標となるスキルの伝える「教示」，適切な行動をみせる「モデリング」，それを実際にやってみる「ロールプレイング」そのあとの「正のフィードバッグ」などの流れがある。

(3) ロールプレイング

ロールプレイングは日常のある課題場面の役割をその場の参加者たちが言葉と行為で演じてみて，解決の手がかりを得る方法である。学校教育場面では，道徳活動，特別活動，課外活動で取り入れることで，その活性化が得られる。ロールプレイングは，ルーマニアの精神科医モレノ（Moreno, J.L., 1892-1974）が創案した集団心理療法である。シナリオ（台本）のない即興劇である。

a．自発性があること

ロールプレイングを行うことで自発性が高まり，日常生活での人間関係を見直したり，問題解決へ糸口を発見したりする。「人間はいかに自発的存在でありえるか」がモレノのテーマである。

b．役割をとれること

環境に順応する人は場面の変化に応じていろいろな役割をとれることである。仮題解決のために参加者が，いろいろな役割をとることがロール・トレー

ニングなる。
c．ロールプレイングの構造
ロールプレイングを実施するには，次の5つの仕掛けが必要である。
①演者（主役）：人間関係の問題や自分の心理的葛藤を表現する人。自発的に自分を演じる場合と脇役になって演じる場合とがある。
②監督：ディレクター，精神科医，セラピスト，教師などで，サイコドラマの進行と運営を司る役割の人である。
③補助自我：演者の気持をくんで，適切な働きかけをする役割の人。演者が自分の気持がうまく表現できないときに代わって表現したり，適度に刺激を与えたりする，演者を二人で演じる（補助自我がつく場合）ことをダブルという。副治療者の役割（監督を助ける役割）。
④観客：舞台にあがっている演者の動きを見ている人。演者と同じ気持でサイコドラマに参加，ときには舞台にあがって演じる場合もあるし，演者が舞台におりて，観客に回る場合もある。
⑤舞台：フロアより一段高くなっている所であるが，演者の動くスペースである。

d．実施法
①ウォーミングアップ：参加者の心理的抵抗をとり，自発性を高めるエクササイズ。スポーツでいえば，準備体操にあたる。身体運動，言語活動，感情表現活動などを行って，参加者が演じやすくなるようにする。
　例：スポーツ遊び，体操，ポーズ遊び，グループでの自由な会話など
②主役の決定（テーマ選択）：参加者から主役を選び，主役のテーマを決める。主役をやりたい人がいれば優先して決めるが，いない場合には，参加者の意向を尊重して決める。参加者がやってみたいテーマが選ばれると参加者の動機づけが高まる。
③キャスト：主役以外の登場人物を主役に聞きながら，参加者にその役をやってもらう。主役は自分の役を見る（ミラー法）のであれば，主役の役とその補助自我を参加者から選ぶ。
③アクション（ドラマ）：アクションの目的は，主役の個人の内的葛藤状態の解決あるいは，解決の糸口の発見である。と同時にアクションに参加し

たメンバーの心的解放（カタルシス）もねらっている。監督の場面設定と演技者集団の自発性活動の総合的な発展がドラマの展開に必要である。
④クロージュ（終結）：参加者が提示された課題が解決したと感じた時点で終結となるが，明瞭に示されない場合もある。時間的制約からドラマが解決に至らなくても解決へのヒント（糸口）が得られ，現実生活への改善へのヒント得ることができれば，意義はあったといえる。
⑤シェアリング（分かち合い）：アクションの終了を同時に演者，演者集団，観客の全員で今のドラマ（アクション）を振り返る。演者として役割行動したときの気持ち，自分の気付き，観客としての自分の気付きなどを相互に分かち合うのである。シェアリングの際に演者の中で役割上の消化不良やもやもや感が残っているようであれば，それを解消するために簡潔なドラマの再現，エンプティ・チェア，ロール・リバーサルなどを行うこともある。このシェアリングでは，主演を含め参加者の何らかの認知の転換（気付き）が起こることが期待されている。またシェリングの終了時に，演者の役割解除をすることが大事なことである。

e．ロールプレイングの技法

①ロール・リバーサル（役割交換法）：他者の感情を理解することが必要な時に役割を交換する。たとえば，母親役を演じている人に子ども役を，子ども役を演じている人に母親役を交代して演じてもらう。これにより，互いに相手の感情や気持ちを理解することが目的である。
②ミラー法：主役が自分自身を演じるのではなく，補助自我が代わりに演じることである。演者が自分を演じている人の行動を鏡に映る自分を見ることで，自己客観視をして，自己の気付きや洞察へと導くためである。
③ダブル（二重自我法）：主役の演者に補助自我を取る人がいて，2人で1人の主役を演じる。主役にもう1人の自分（ダブル）がいることで，主役の気持ちを代弁したりときには，主役の気持ちを述べることもある。
④場面展開法：監督は，必要に応じて場面を展開していくことである。場面が停滞したり，葛藤したり，新たな旅立ちが必要なときは，新たな場面を展開して適切に対応していく。

f．活用法

　学級づくり，学級経営などで使う。ウォーミングアップの方法は，クラスの人間関係づくりに向いている。2人1組になって，じゃんけんをして，勝った生徒がいろいろなポーズをとる，腕組み，考える，歩き回る，倒れる，などをもう一組は真似をする。3分たったら，交代してやる，スポーツの動き，バスケットのシュート，バレーボール，テニスなどボールを打つシーンを真似る，遊び的要素があり楽しい。またペアを作り，お互いに質問する。質問して得られた情報をもとに相手を紹介する。紹介する相手の名前，特徴，いいところを必ず付け加える（たとえば，サッカーが得意，漫画を描くのが得意）。

　道徳の時間,「いじめの問題」「クラスの生徒のトラブル」などを取り上げて，いじめる人，いじめられる人などを決めて，ロールプレインイグをするのも効果的である。

❸　学校教育相談とは

（1）学級担任の役割

　学級担任は，学級活動，道徳の授業，教科の授業，学校行事の準備，掃除指導，給食指導，進路指導，教育相談，家庭訪問などさまざまにわたり役割がある。もちろん，このほかに校務分掌で教育相談担当などもある。さらに部活指導などもある。クラスの気になる生徒（発達障害の生徒），不登校の生徒，病欠の生徒などの対応もしていかねばならない。担任教師の役割は多岐にわたり，一人で抱え込むと対応に時間がかかり，解決にたどりつけない。まずは，周囲の人に相談する姿勢が大切である。

（2）チーム学校

　不登校，発達障害，いじめなどの問題は，一人で解決しようとせず，学校全体のチームでの支援体制で取り組もうとする考え方である。複数の人たちとチームを組み知恵を出し合いながら，学校全体で一貫性のある対応で取り組むことで，解決を図ろうとするものである。

学級担任，学年主任，生徒指導担当，教育相談担当，養護教諭，特別支援教育担当，コーディネーター，管理職，児童・生徒と保護者，スクールカウンセラー，スクールソーシャルワーカーは，チーム学校として，学校教育職員と専門性のある職員が，それぞれの専門性を生かした支援や連携を行うことで，さまざまな子どもの問題に適切な対応を行うことができる。またスクールカウンセラーやスクールソーシャルワーカーを窓口にして地域社会の関係機関（適応教室，教育相談所，病院・クリニック，保健所，警察など）と必要に応じて連携していくことも必要である（図9-1）。

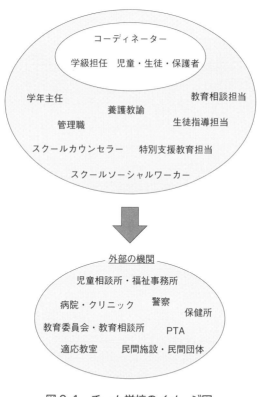

図9-1　チーム学校のイメージ図

3　学校教育相談とは

(3) スクールカウンセラーの活用

a．スクールカウンセラーとはどのような専門職か

スクールカウンセラー（SC）は，臨床心理士，公認心理師，学校心理士などの資格をもって，大学および大学院で心理学を学んでいる者が多い（第8章参照）。

b．スクールカウンセラーの役割

SCの役割は，予防的役割，個別相談，心理テスト，知能テスト，教育相談コンサルテーション，教員研修，保護者面接，保護者向け子育て講座，特別支援教育，危機対応，外部機関との連絡調整などである。SCには，教職員と協働してチーム学校の一員としての意識をもち，学校全体を視野に入れて活動していくことが求められる。相談室にこもらないように心がけたい。学校で扱うことが困難なケースは，外部の専門機関に紹介することが必要である。

演 習

1．仲間づくり
(1) 仲間づくり（2人1組）
　2人1組になる（できれば普段あまり交流のない人と）。じゃんけんをする。勝った人が負けた人に3分間質問する。3分たったら，交代する。
　質問内容例：好きな食べ物，趣味，好きな音楽，住んでいるところ，サークル，バイトの有無など
(2) 4人1組
　①で組んだペアはそのままにもう1組ペアを探し，4人1組になる。ペアを組んだ相手を紹介する。4人でそれぞれ相手を紹介する。紹介が終わったら，4人に共通のもの（好きな食べ物，寿司が好き）を探す。
(3) 拒否的な態度（聞かない態度）を経験する
　ペアを組んだ相手の話を聞かない態度を経験する。拒否的態度とは，相手の目を合わせない，返事をしない，うなづかないなどの態度で，相手の話を3分間聞かない態度をする。3分間たったら，交代する。お互いに経験した後で，感想

を話し合う。

2．相手の話を受けいれる態度を経験する
　２人１組のペアを組む。一方が相手に自分のことを話す。聴き役は，相手の目を見ながら，うなづきながら，批判をせずに，相手の気持ちにそって聴く態度を示す。普段なら，相手の話をさえぎって，自分の意見を言うかもしれないが，ここでは，相手の話を最後まで丁寧に聞く。終わったら，この経験について話し合う。

● 引用文献
1）國分康孝 監修：エンカウンターで学級が変わる—ショートエクササイズ集，図書文化，1999

● 参考文献
・児童心理　臨時増刊　スクールカウンセラー，876 号，金子書房，2008
・服部環・外山美樹 編：スタンダード教育心理学，サイエンス社，2013
・服部環 監修：使える教育心理学，北樹出版，2009
・文部科学省：学校における教育相談の充実について
　http://www.mext.go.jp/b_menu/shingi/chousa/shotou/066/gaiyou/attach/1369814.htm（2018/9/29 閲覧）
・小山望 編：わかりやすい臨床心理学入門，福村出版，2009
・シンシア・ウィッタム，上林靖子・中田洋二郎 他訳：ADHD のペアレントトレーニング，明石書店，2002

第10章
学級心理学

> 学力の低下，いじめ，学級崩壊などのさまざまな教育問題の背景の一つには，学級集団がうまく機能していないことが考えられる。学校生活において子どもたちは多くの時間を学級の中で過ごす。集団の力をどのように教育に生かすのかは，重要な課題である。学級集団の特徴とは？　集団の中ではどのような力が働くのか？　教師のリーダーシップはいかにあるべきか？　学級集団の特性を知ることは学級集団を効果的に運営していくうえで欠かすことのできないものである。本章ではこれらの問題を，社会心理学の知見も参考にしながらみていく。

1 集団とは何か

　学級集団とは，言うまでもなく同年齢の複数の子どもたちで構成されるものだが，そこには子ども一人ひとりがもつ性質や能力に帰結することのできない特性がみられる。学級集団の特性をとらえるには，社会心理学における「集団」の特徴をみることが助けとなる。

　社会心理学においては，「集団」とは日常語とは少し異なる意味合いをもつ。集団は，メンバー間に相互作用があり，共通の目標を達成するためにそれぞれが役割を果たす，といった特徴をもつ。したがって，たとえば電車に乗るために列を成している人々や，エレベーターで偶然乗り合わせた人々などは，集団とは区別され「集合」という。集団はその中で相互作用が繰り返されることで発達し，その集団に独特の性質，集団らしさが生まれる。学級集団は，こうした集団の特徴を備えるものである。

集団の中で生じるさまざまな現象も知られている。他者の存在によって課題の遂行が促進される現象は「社会的促進」(social facilitation) という。しかし，他者が存在することは必ずしもプラスに働くとは限らず，集団状況下で作業の能率が低下する現象は「社会的抑制」(social inhibition) という。また，集団で作業をするときには手抜きをする者もおり，これを「社会的手抜き」(social loafing) という。運動会の団体競技や合唱などでみんながいるから自分はそれほど頑張らなくても，とあまり努力をしなくなってしまうことが例として挙げられる。

❷ 集団規範と同調圧力

近年，家庭や地域の教育力の低下や社会における多様な価値観などを背景に子どもたちの規範意識の低下が指摘されている。こうした問題に学校教育がどのような役割を果たすべきかが問われている。

(1) 集団規範とは

子どもたちは日々学級集団の中で関わり合いながら過ごすうちに，「クラスの中でこの行動をしておけば安心だ」，「こんな考えを言ったらみんなに非難される」など，特定の状況で適切な，あるいは周囲に受け容れられない不適切な行動や考え方とはどういうものかといった信念をもつようになる。そしてこの信念は学級のメンバーにより共有されていく。共有された行動・判断の基準や価値観は集団規範（group norm）と呼ばれる。規範には，校則など明文化されたものもあるが，学級の中には誰が決めたわけでもなく，みんなが自然に従っているような，仲間同士で暗黙裡に共有されるようになったものもある。たとえば，「廊下は走らない」は前者の例で，「SNSの返信はすぐにしなければならない」などは後者の例といえよう。集団規範が形成されると，今度はその集団規範に従わなければならなくなり，規範から逸脱する者には周囲から圧力が加えられることもある。こうした働きかけは斉一性の圧力と呼ばれる。

(2) 同調圧力

　人は集団圧力を感じると，自分の意見をまわりに合わせ，集団から外れないように他者に同調することも多くなる。同調の過程には，2つの異なる動機が関連する[1]。一つ目は，われわれが周囲の人から好かれたい，嫌われるのは避けたいと願う傾向である。この傾向は「規範的影響」と呼ばれる。たとえ他の人の判断が間違っていると思っても，自分だけ違う意見を言って学級のみんなに嫌われるのは嫌だから同調してしまう場合である。二つ目は，人がより正確な判断をしたいと願う傾向である。これは「情報的影響」という。他者の判断を自分の判断のよりどころとして，みんなの意見は正しい，自分も間違った判断をしたくないという思いから同調してしまう場合である。しかし，集団の中に一人でも異を唱える者がいれば同調率が低下するといった「もう一人の味方効果」も知られている。教師は学級の中で少数派の意見も尊重されるように見守っていく必要があろう。

　学級内の大多数が従っている規範に反する行動をとる者がいると，周囲から批判されたり無視されたりすることもあれば，いじめに発展することもある。大西は，生徒がいじめを行いやすい学級では，生徒がいじめを行いにくい学級と比較して，いじめに対する学級の集団規範が許容的なものとなっていることを示している[2]。子どもの仲間集団の集団規範は教師からはなかなか見えにくい。いじめや学級崩壊を起こさないためにも，子どもたちの集団規範をよく観察し，一見多くの子どもたちの意見が一致しているようにみえる中で，少数派や逸脱者が理不尽に排除されることのないよう適切な働きかけが必要である。

　学級経営においては，「ルール」と「リレーション」をともに確立していくことが重要であると指摘される。ルールとは学級内の行動規範となる基本的な約束事であり，リレーションは教師と子ども，子ども同士などのふれあいのある人間関係である。この指摘は，一方的に規範を示して守らせるのではなく，まずは学級内の人間関係づくりをしていくことの大切さを示している。

3 集団凝集性を高める方法

(1) 集団凝集性とは

　学級にはまとまりの良い学級やばらばらな学級などがある。こうしたまとまりの良さの程度を集団凝集性という。集団凝集性とは，メンバーを学級集団に引きつけて，集団にとどまらせる力である。子どもが自分の学級に魅力を感じていれば集団凝集性は高まる。「自分のクラス（学年）が好き」「クラス替えしたくない。ずっとこのメンバーがいい」などといった子どもたちの声が聞こえてくる状態である。凝集性が高い学級では，子どもたちは共通の目標に向かって互いに協力し合う傾向が強くみられる。しかし一方で，斉一性への圧力も高まり逸脱者に対しては排除的な力が働くことも教師は認識しておかなければならない。また，自分が属する集団である内集団をひいきし，自分の属さない外集団を差別するような「内集団ひいき」という現象も知られている。

(2) リーダーシップのPM理論

　教師は，学級を運営・指導していくために，学級のリーダーとして効果的なリーダーシップを発揮しなければならない。リーダーシップとは，集団が目標を達成するために，他のメンバーや集団の諸活動に影響を与える過程とされる。

a．教師のリーダーシップ

　三隅はリーダーシップの機能として，目標達成機能（P機能：performance）と集団維持機能（M機能：maintenance）を挙げ，リーダーシップのPM理論を提唱した[3]。P機能とは，学習を促進したり，生徒指導を促進したり，課題の達成に向けた厳しさや励ましの機能である。一方で，M機能とは，子どもに親密性をもって，良好な人間関係を維持し，学校生活のさまざまな場面で体験する緊張や葛藤に対して配慮する機能である。それぞれの機能の高低を組み合わせると，PM型，Pm型，pM型，pm型の4類型が区別される（大文字はその機能が高いことを，小文字はその機能が低いことを示す）。4つのリーダーシップの類型との関連を，小学生では三隅ら[3]が「学級連帯性」「学習意欲」「規

律遵守」「学校不満」において，中学生では三隅・矢守[4]が「授業満足度・学習意欲」「学級に対する帰属度」「学級連帯性」「生活・授業態度」において検討したところ，いずれの項目もPM型のリーダーの下で最も効果が高く，pm型の下で最も低くなった。さらに，P機能，M機能を状況に応じて使い分け，両機能を高い水準で発揮するリーダーシップ行動は最も効果的とされる。

b．子どもの側のPM機能

PM型は教師側のリーダーシップ行動として従来考えられてきたが，河村は子どもの側のPM機能にも注目している[5]。望ましい学級集団では，子どもの側からもPM機能が強く発揮されているとする。学級の中で，高いパフォーマンスを目指して率先して行動を促したり，そのために皆に呼びかける，学級の中で孤立したり困っている子どもに声をかける，学級内の話し合いの機会をつくる，などといった働きかけをする子どもたちが学級の中にたくさんみられる場合では，学級集団がよりよく機能していくことが指摘されている。

④ リーダーシップを育てる

公式集団である学級の中では教師は児童・生徒を指導するリーダーとしての権威を社会制度上保障されているが，それだけで教師が有効なリーダーシップを発揮できるわけではない。佐藤らは，教師の指導役割の本質は，教師－児童・生徒関係と名の付くものに最初から存在するものではなく，教師と児童・生徒による具体的な実践の過程を通して形成されていくものであると指摘している[6]。教師が学級の中でどのような教師－児童・生徒関係をつくりだしていかれるかは，子どもたちの学習意欲や生活態度，学校に対する満足感などに影響する大切な要因となる。

では，実際に子どもたちが教師に従うとき，教師にどのような勢力を感じているのだろうか。教師が児童・生徒に対してもつリーダーシップの源泉を勢力資源（resources of power）という。子どもたちは教師の行動を何らかの勢力に基礎を置いた行動として受けとめている。リーダーシップとの関係をみた研究の中では，6つの勢力資源が示されている。

① 準拠性：教師への好意や尊敬の念，あこがれなど，教師の内面的な人間

的魅力に基づく勢力資源
② 親近・受容性：教師への親近感や，被受容感に基づく勢力資源
③ 熟練性：教師の教育技術の高さと熱意に基づく勢力資源
④ 明朗性：教師の明るさに魅力を感じることに基づく勢力資源
⑤ 正当性：「教師」「先生」という役割や社会的な地位に基づく勢力資源
⑥ 罰・強制性：教師の指示に従わないことで罰せられたり，成績に響いたりすることを避けるために教師の指導に従うことに基づく勢力資源

　実際には，児童・生徒はこれらの教師の勢力を統合された形で認識している。河村は，小学生から高校生が平均的にどのようなとらえ方をしているのか，計8,000人を対象にした調査で示している[5) 7)]。

　まず，小学生では「罰・強制性」とそれ以外の5つが統合された「教師の魅力」から教師をとらえる傾向がみられた。小学生は，先生が好きだから，授業が面白いから，先生だから従っている側面と，叱られないよう従っている側面があった。教育技術の高さだけではなく，そこに親近性や受容性，明るさといった教師の魅力が大切であることがわかる。

　中学生では「教師の魅力」が親近・受容性と準拠性からなる「教師の人間的魅力」と，熟練性と正当性からなる「教師役割の魅力」に分化する。教師の人間的魅力と指導技術を分化させて認識している。一方，「罰・強制性」は発達とともに効果が低下し，教師への心理的なつながりを引き離す勢力資源であった。

　高校生では中学生と同様の傾向がみられるが，正当性の勢力資源に違いがみられた。正当性の勢力資源は「教師役割の魅力」ではなく，「教師の人間的魅力」の中に含まれ，高校生は教師の人間的な部分に「教師らしさ」を感じることが示されている。

　教師のリーダーシップのあり方を論じるとき，子どもたちの教師をとらえる視点は大切である。自らが実際にどのような勢力を教師に感じてきたか重ね合わせることで，教師に求められるリーダーシップについて改めて問い直していくことが必要だろう。

　中井・庄司は，教師の特性的な対人魅力だけでなく，生徒側の心理的要因である「信頼感」の側面に注目し，中学生の教師に対する信頼感がどのような要因によって規定されているかを検討している[8)]。そこでは，自分という存在を

そのまま受け入れてもらっているという受容経験や教師との親密な関わりの経験があるほど生徒の教師への信頼感が高いことが示されている。親近性を得たり，より効果的な影響力をもつようになったりするためには，教師が子どもたちとどのような関わり経験をもつかといったことも大切であることがわかる。

5 学級集団とは何か

(1) 学級集団とは

学級集団は集団としての一般的な特徴に加えて，学級集団独自の特徴をもつ。淵上は，学級集団は教育目標を達成するために人為的に編成された制度的集団であり，その中で教師や他者と関わり合いながら学習活動を行う場であると同時に，子どもが日常を送る生活集団の場としての機能ももつと指摘する[9]。

a．学級集団の特徴

淵上[10]，松村[11]，蘭・古城[12]などを参考に学級集団のいくつかの特徴をあげていく。

①人為的に編成された公式集団（フォーマル・グループ）であり，自らの意志で自由に学級に所属することはできない。公式集団とは明確な組織構造をもち，達成すべき目標や役割が公式に定められているような集団をいう。②公式集団の中には，メンバーの相互作用を通じて，嫌悪感情などの心理的な結び付きにより自然発生的に形成される非公式集団（インフォーマル・グループ）がみられる。非公式集団の例としては，仲良しグループなどがある。③集団は，もともと支配-服従関係のないヨコの人間関係をもつ同年齢層の多数の子どもたちで構成される。ここに集団のリーダーとしての役割を担う教師の存在があってはじめて学級集団としての意味をもつ。④学級集団の中で，子どもたちは体系化されたさまざまな活動に一斉に参加しなければならない。集団をつくりどこかに所属していたいという欲求や他の人に認められたいという承認欲求などは，こうした活動に参加することで充足できる。また，同じ年頃だからこそ抱くさまざまな感情を分かち合うことで共感性も育成される。⑤しかし，学級集団には1年や2年という期限が明確に設けられており，集団の活動全般に

大きな時間的制約が課される。⑥学級集団の目標は，集団そのものの向上というよりは，子どもたちの人格形成や知的発達が促され，最終的に個々が成長することにある。⑦学級集団内部は外側からは見えにくいという閉鎖性ももち合わせている。

b．学級集団の意義

淵上は，学級集団の意義として3つあげている[9]。

①集団指導による学習の効率性：一定水準の均一の知識を系統的に教授するには，集団指導が適している。また，他者と協力して課題を遂行することが動機づけを高めたり，個別指導とは異なる教育効果をもたらすことが期待される。

②社会的学習の場としての学級：学級は同年齢層の仲間と関わり合いながら他者を通してさまざまな事柄を学習し，多様な学びを実現していく場となっている。

③社会的ルールや社会性の獲得：他者との相互作用を通して集団において守るべきルールや規範を学習し，他者と協力すること，互いに思いやることなどを学んでいく。教室の中では学級委員，図書委員，放送委員などさまざまな役割分担も経験しながら，それぞれが自分の役割を務めることで集団が機能することを理解していく。

以上のように学級集団は，学習活動における多様な効果だけでなく，社会の中で生きていくために必要な知識や態度，価値観などを学び，社会に適応していく力を育てていくのである。

(2) 学級集団づくり

集団の中に形成された雰囲気は組織風土（organizational climate）として知られてきたが，学級にも同様にその学級に固有の雰囲気が存在する。そして，いったん集団特有の雰囲気が形成されると，今度はその雰囲気が集団のメンバーの心理面，行動面に大きな影響を与えていく。

a．学級風土

たとえば，同じ学年でも隣の学級からは自分の学級にない雰囲気を感じ取った経験は多くの人がもっているだろう。学級集団内の相互作用が継続すると，次第に学級集団全般にわたる独特な雰囲気や特徴がつくりだされていく。この

ような個々の学級がもっている心理社会的な個性を測定するものに学級風土（classroom climate）の研究がある。レヴィン（Lewin, K., 1890-1947）ら[13]の研究からは，教師のリーダーシップのあり方が集団の社会的風土にどのような影響を与えるのかをみることができる。

b．レヴィンらのリーダーシップの3類型

レヴィンらは，10歳の少年5人からなる集団を編成し，指導スタイルの異なるリーダーを1人ずつ付け，集団の子どもたちの作業の量と質や成員間の関係について観察した。リーダーの指導スタイルは「専制的リーダー」「民主的リーダー」「放任的リーダー」であった。その結果，民主的なリーダーの下では集団内に協調的雰囲気がみられ，子どもたちの意欲も高く，作業途中でリーダーがいなくなっても，作業態度に一貫性がみられた。専制的リーダーの下では最も作業量は多かったが，子どもたちの間に敵対行動や攻撃的な言動がみられ，リーダーがいなくなると作業態度が乱れた。放任的リーダーの下では，作業量は質・量ともに最低で意欲も低く，集団のまとまりも低かった。レヴィンらは，こうして形成された集団の雰囲気を組織風土と呼んだ。このようにリーダーシップのスタイルは組織特有の風土に影響することがわかる。

専制的なリーダーシップをとる権威的で支配的な教師は，表面的に学級を統制しているようでも，次第に学級の中に教師への反発が生じ，子どもたちの良好な人間関係も形成されず，それを統制するためにさらに権威的に振る舞っていくといった悪循環に陥ってしまうこともある。

教師のリーダーシップやパーソナリティはどのような学級風土が醸成されていくのかに影響する大きな要因であるが，学級風土は教師側の要因だけで決まるものでもない。子ども同士の人間関係や，学級集団の構造，学級規範，校風や児童・生徒の社会・経済的背景，地域など，さまざまな要因が相互関連的・複合的に影響しており，その構造を明らかにするのは容易ではない。そこで，こうした学級風土をとらえるための工夫が必要になる。

c．学級集団のアセスメント

学級集団のアセスメントは，学級の中で個別の支援が必要な児童・生徒のためだけでなく，アセスメントを通じて教師の学級経営のあり方を検討する有益な手段でもある。学級をアセスメントするツールには以下のようなものがある。

① ソシオメトリック・テスト

たとえば，モレノ（第9章参照）によるソシオメトリック・テストは，集団のメンバー間にみられる人間関係を，選択（親和）と排斥（反感）という感情的な結び付きに基づいて測定する。特定の場面を設定して（たとえば勉強の班構成，席替えで隣に座る人など），その活動をだれと一緒にしたいか，あるいはしたくないか指名する方法がとられる。テスト結果は，集団構造を直観的に把握できるような図にまとめられ（図示されたものはソシオグラムという），そこからメンバー間の好意的・拒否的な関係，各メンバーの地位，集団の凝集性などを把握する。たとえば孤立した者が多い学級などといった集団の様相や，学級内の下位集団の構造などを直観的にとらえられる。しかし，お互いの好悪関係を直接問う方法は子どもたちの心理的負担も大きく，倫理的にも難しくなっている。

② 学級風土質問紙

伊藤・松井[14]と伊藤・宇佐美[15]は学級の風土を測定する学級風土質問紙を作成し，学級が全体としてもつ性質を多次元的にとらえている。伊藤・松井は「学級活動への関与」「生徒間の親しさ」「学級内の不和」「学級への満足感」「自然な自己開示」「学習への志向性」「規律正しさ」「学級内の公平さ」の8尺度を得ている。さらに伊藤・宇佐美は近年の子どもをめぐる社会や学校の変化を背景に，「現代の中学生の平均的な学級認知」を参照枠とした新版中学生用学級風土尺度（classroom climate inventory；CCI）を作成している（質問項目については表10-1参照）。各質問項目について所属する学級を「そう思う」から「思わない」の5段階評定するよう直接子どもに尋ね，回答を平均し集約することで，子どもたちが学級をどのように認識しているかを知ることができる。一方で教師が自分の学級について回答することは，教師が漠然ともっていた学級のイメージを明らかにできる。

伊藤らは，この質問紙を用いて実際に学級集団のアセスメントを行い，生徒が感じている学級の様子や，そこから推察される問題点・課題を考察している。さらに，その結果を教師にフィードバックすることでイメージを共有し，問題点を討議する具体的な手がかりが得られるとしている。このように学級を改めて客観的にとらえることを通じて，教師はより適切な指導を工夫でき，実際の

表 10-1　学級風土質問紙の項目

学級活動への関与	行事などのクラス活動に一生懸命取りくむ 先生に言われた以上に作業や活動をする クラスの活動に自分から進んで参加する 行事の時，練習や準備をたくさんする 行事の時，やる気のある人が多い 行事の時に，盛り上がる 誰もがクラス全体のことを考えている クラスがうまくいかない時みんな心配する クラスが成功するように願っている クラスのことをよく考える クラスの活動がうまく進むか気にかける	生徒間の親しさ	このクラスはみんな仲が良い 学校に限らず個人的にも仲が良い お互いのことをよく知っている 男子と女子は仲が良い 男女一緒におしゃべりをしたり，遊んだりする このクラスではお互いにとても親切だ 友達同士助け合う 相手によって協力の仕方に差はない 誰の意見でも平等にあつかわれる
学級内の不和	このクラスは，もめごとが少ない* 重苦しい雰囲気になることがある もめごとを起こす人はいない* クラス全体が，嫌な雰囲気になることがある クラスがバラバラになる雰囲気がある お互いに嫌っている人がいる グループ同士の対立はない* 他の人と一緒にならないグループがある みんなが逆らえない人がいる	学級への満足感	このクラスは，心から楽しめる クラスで顔を合わせるのを楽しみにしている このクラスになって良かったと思っている このクラスが気に入っている このクラスは，笑いが多い このクラスは，ほめられることが多い
自然な自己開示	個人的な問題を安心して話せる 自分たちの気持ちを気軽に言い合える 先生が側にいても遠慮なく話せる 自分たちの気持ちを素直に先生にみせる	学習への志向性	授業中よく集中している その日の勉強や宿題をこなすことを重視する クラスのみんなは，よく勉強する このクラスは，勉強熱心だ
規律正しさ	このクラスは，おちついて静かだ 守るべき規則がはっきりと示されている 掃除当番をきちんとする人が多い このクラスは，規則を守る このクラスは先生の指示にすばやく従う	リーダー	何かを決めるときに，強い力を持つ人がいる このクラスでは，仕切ろうとする人がいる このクラスには，リーダー的な人がいる

*印は反転項目

（伊藤・宇佐美，2017より）

教育現場における種々の問題解決に寄与するとされる。

その他，河村[16]によって開発されたQ-U（楽しい学校生活を送るためのアンケート）も学級をアセスメントする方法として広く実施されている。Q-Uは，学級での子どもの人間関係を測る学級満足度尺度と，子どもが何に対して意欲が高いかを測る学校生活意欲尺度から構成される。さらにhyper-QUでは，集団形成に必要なソーシャルスキルがどの程度身に付いているかを測るソーシャルスキル尺度も加えられた。Q-U（hyper-QU）では，いじめ・不登校の可能性のある子どもに関する個別情報や，学級雰囲気や学級崩壊に陥る危険性をアセスメントできる。

d．学級集団の発達

学級集団を望ましいものにつくりあげていくには，学級集団がどのような発達過程を経るのか知っておくことも重要だろう。ハートレイ（Hartley, E.L., 1912-2002）ら[17]は学級集団の形成について次の7つの段階を示した。①探り合いの状態，②同一化の状態，③集団目標の出現の状態，④集団基準の形成の状態，⑤内集団・外集団という態度が生まれる状態，⑥集団雰囲気の発生の状態，⑦地位や役割の分化の状態である。わが国においては，蘭・古城[12]，武市[18]が学級集団の発達段階を4つに区分した。①探り合いの段階，②対立・葛藤の克服と集団の基礎づくり，③学級のアイデンティティの確立，④相互啓発である。

いずれの発達段階も次のような過程を経ると思われる。まず，子どもたちは強制的に所属させられた集団で，新しい学級の仲間や担任教師とうまくやっていけそうかなどを探っていく。その中でそれぞれの子どもが学級の中に自分の居場所をとりあえずみつけ，集団の構造化が進む。共通の目標が出現すると，それを達成するために互いに協力することで学級の一体感がさらに増す。学級独自の集団規範が形成されるとともに集団凝集性は高まるが，同時に「われわれ意識」が強められ，内集団・外集団という態度が生まれていく。そして，学級のアイデンティティが確立され，集団特有の雰囲気が醸成されていくのである。さらに，蘭・古城の第4段階は，相互信頼，相互受容の増大や，学級目標と個人目標の達成を通して自己実現をしていく過程であり，学級からの生徒の自立を図かる段階となっている。

蘭・古城の研究では，小・中学校の教師を対象とした分析より，上の4つの

集団の発達段階に伴って，学級集団の6側面（①目標の構造化，②集団の主導権，③意思決定，④規範の成立，⑤集団への統一化，⑥生徒の精神的安定感）の各側面で発達が展開するとした。教師がこれまで担当した学級の中から良かった学級，発達段階が進んだと評価した学級では①〜⑥の側面に関し，次のような変化がみられた。①学級の目標は構造化されていき，②集団の主導権は教師主導から生徒主導へ，③教師による意思決定は生徒による個人決定へ，④学級規範の形成から各生徒の自己規範の相対化へ，⑤集団への同一化から個人の自立へ，⑥不安感から相互の信頼感へと変化していた。

現実には，学級が自然に集団として発展していくわけではなく，その過程で後退や崩壊してしまうことも考えられる。学級の現状をしっかりと見極め，適切な働きかけを行うことが求められている。

(3) 仲間集団とその発達

a．仲間集団の重要性

学級集団とともに子どもの発達に重要な意味をもつのが，子どもたちの間に自然発生的に形成されるインフォーマルな小集団，すなわち仲間集団である。さまざまな活動に共に参加し，多くの時間を共有する仲間集団は，学校への適応やいじめの発生に大きく影響することもある。中学校以降は教科ごとに担当教員が異なり，学級担任も生徒たちと接する時間は小学校のように多くはない。生徒たちの仲間関係をきめ細やかに把握していくことは難しい。

b．仲間集団の発達

幼児期になると，子どもは家庭外での場でも同年齢の仲間とさまざまに関わりをもつようになる。4歳頃からは仲間との協同遊びがみられ，ごっこ遊びのような役割を分担し合う。幼児期の仲間関係は初期には家が近所であるなどの物理的に近いことや，おもしろいからという理由で形成される。5歳頃には，気が合うからなどの理由で特定の遊び仲間と友好的に交渉するようになる。小学校低学年頃までの仲間集団は，集団の成員が流動的に動き，排他性もあまりみられない。その頃の仲間関係は，単なる遊び仲間で一緒にいて楽しい経験ができる子ども同士がつくりあげる友だち関係である。

小学校以降の仲間関係はますます重要な意味をもつようになる。学級集団や

地域の仲間集団への所属意識が高まり,集団行動が目立つようになる。小学校中・高学年の頃には「ギャング・グループ」(第5章参照)を形成し,その中で役割,規範,約束などのさまざまな社会的な事柄を学ぶ。このような仲間集団の中では,自分が仲間から承認されるかが行為の規範となり,仲間以外の者には排他的になるという傾向もみられる。学級内では,友人関係の発展に伴い,相互に平等で水平的であった関係が変化し,それぞれの子どもの社会的地位が決まってくる。地位の高い者と低い者に分化し,高学年に向けて階層化が進んでいく。高学年頃からは行動をともにする相手は限定され,学級内には少人数で構成される固定化された仲間集団が形成されることになる。

中学生では,チャム・グループと呼ばれる興味や趣味,関心を同じくすることから結び付いた友人グループが特徴的である。この頃に築かれる親密な同性の仲間関係は,グループの外にいる者を寄せ付けないような強い排他性をもつ。また,仲間集団は男女でその特徴に差がみられる。中学生の仲間集団の構造を検討した楠見の研究では,男子の仲間集団は比較的大きな,集中性や階層性の高い集団であるのに対し,女子は少人数で,それぞれの仲間集団が相互に独立し分散したものとなる傾向がみられた[19]。こうした男女差をもたらすのは,男女で友人関係の志向性や仲間集団形成における動機の違いがあることが考えられる。石田は,男子では"何をするか"といった遊びや活動自体を中心に仲間集団が形成される傾向があるのに対し,女子では活動よりも"誰とするか"といった情緒的なつながりをもとに集団が形成されると指摘した[20]。こうした動機や,"自分だけ仲間はずれになりたくない"という気持ちがより固定的で閉鎖的な仲間集団を生み出すのだろう。高校生以上では,こうした仲間集団はピア・グループと呼ばれるものに変化し,男女混合で,お互いに異なる部分があったとしても自他の違いを認め合う仲間関係が維持されていく(第5章参照)。

仲間集団のあり方は,その集団内の人間関係や授業以外の自由時間だけの問題ではなく,教科活動や特別活動における大事な基盤になっている。仲間集団の中では個人の社会化と個性化が促進されると期待されてきたが,近年子どもたちをめぐる状況は変化し,従来の仲間集団の機能は果たされなくなってきた。それを補うような学級集団の役割が一層高まっており,学級集団をどのように運営していくかが教師にとって重要な課題となろう。

演習

教師のリーダーシップについて PM 理論をもとに考えてみよう。

三隅・矢守（1989）[4] による教師のリーダーシップ行動測定の尺度は，P 的行動，M 的行動についてそれぞれ 12 項目で構成される。

(1) 中学校の時の先生を思い出し，以下の質問項目に回答してみよう。各質問項目について，1 全く当てはまらない〜5 非常に当てはまるまで 5 段階で評定し，該当する数字に○をする。

	全く当てはまらない	あまり当てはまらない	少し当てはまる	かなり当てはまる	非常に当てはまる
P機能					
決められた仕事（日直，掃除など）をきちんとするよう言う	1	2	3	4	5
校則を守るように厳しく注意する	1	2	3	4	5
不正行為（カンニング・喫煙など）がないように厳しく注意する	1	2	3	4	5
家庭への連絡のプリントを家人に見せるように言う	1	2	3	4	5
クラスのみんなが協力するように言う	1	2	3	4	5
社会の出来事に関心をもつように言う	1	2	3	4	5
放課後，休日などの過ごし方について注意する	1	2	3	4	5
家でしっかり勉強するように言う	1	2	3	4	5
授業中，私語をしないように厳しく注意する	1	2	3	4	5
授業中，授業に集中していない生徒を厳しく注意する	1	2	3	4	5
ノート，教科書などの忘れ物を注意する	1	2	3	4	5
定期テスト以外に小テストをする	1	2	3	4	5
M機能					
先生と気軽に話すことができる	1	2	3	4	5
先生に親しみを感じる	1	2	3	4	5
授業時間以外に生徒と遊んだり，話したりする	1	2	3	4	5
生徒の気持ちをわかる	1	2	3	4	5
カッとなってしかる*	1	2	3	4	5
皮肉っぽくしかる*	1	2	3	4	5
成績や行いを他の生徒と比べる*	1	2	3	4	5
えこひいきをせずに生徒を公平にあつかう	1	2	3	4	5
クラスの問題，もめ事などを生徒と一緒に考える	1	2	3	4	5
冗談などをまじえて楽しい授業をする	1	2	3	4	5
生徒が内容を理解しているかどうか考えながら授業をする	1	2	3	4	5
生徒がわからないときは授業時間以外でも教える	1	2	3	4	5

(2) P 機能，M 機能の合計点を計算してみよう。*のついた項目は，5 を 1 点に，4 を 2 点というように，得点を逆転させる。
　　P 機能の合計点＿＿＿＿＿点，M 機能の合計点＿＿＿＿＿点
(3) 中学校の学級雰囲気はどのようだったか。②の結果と合わせて，教師のリーダーシップについて考察してみよう。
(4) 自分の所属するさまざまな集団のリーダーのリーダーシップのあり方について，グループで話し合ってみよう。

●引用文献

1) Deutsch, M., Gerard, H.B.：A study of normative and informational social influences upon individual judgment. The Journal of Abnormal and Social Psychology, 51（3），629-636, 1955
2) 大西彩子：中学校のいじめに対する学級規範が加害傾向に及ぼす効果．カウンセリング研究，199-207, 2007
3) 三隅二不二・吉崎静夫・篠原しのぶ：教師のリーダーシップ行動測定尺度の作成とその妥当性の研究．教育心理学研究，25, 157-166, 1977
4) 三隅二不二・矢守克也：中学校における学級担任教師のリーダーシップ行動測定尺度の作成とその妥当性に関する研究．教育心理学研究，37, 1989
5) 河村茂雄：日本の学級集団と学級経営，図書文化，2010
6) 佐藤静一・篠原弘章：学級担任教師のPM式指導類型が学級意識及び学級雰囲気に及ぼす効果．教育心理学研究，24, 235-246, 1976
7) 河村茂雄：教師のためのソーシャル・スキル－子どもとの人間関係を深める技術，誠信書房，2002
8) 中井大介・庄司一子：中学生の教師に対する信頼感と過去の教師との関わり経験との関連．教育心理学研究，57, 49-61, 2009
9) 淵上克義：学校組織の心理学，日本文化科学社，2005
10) 淵上克義：学校組織の人間関係，ナカニシヤ出版，1992
11) 松村茂治：教室でいかす学級臨床心理学―学級担任と子どもたちのために，福村出版，1994
12) 蘭千壽・古城和敬：教師と教育集団の心理，誠信書房，1996
13) Lewin, K., Lippitt,R., White, R.K.：Patterns of aggressive behavior in experimentally created "social climates.". The Journal of Social Psychology, 10, 271-299, 1939
14) 伊藤亜矢子・松井仁：学級風土質問紙の作成．教育心理学研究，49, 449-457, 2001
15) 伊藤亜矢子・宇佐美慧：新版中学生用学級風土尺度（Classroom Climate Inventory；CCI）の作成．教育心理学研究，65, 91-105, 2017
16) 河村茂雄：たのしい学校生活を送るためのアンケート「Q－U」実施・解釈ハンドブック（小学校編），図書文化社，1998
17) Hartley, E. L., Hartley, R. E.：Fundamentals of Social Psychology, Knopf, 1952
18) 武市進：教師のイメージする学級集団の発達段階．日本教育心理学会総会発表論文集，33, 481-482, 1991
19) 楠見幸子：学級集団の大局的構造の変動と教師の指導行動,学級雰囲気,学校モラールに関する研究．教育心理学研究，34, 104-110, 1986
20) 石田靖彦：学級内の交友関係の形成と適応過程に関する縦断的研究．愛知教育大学研究報告（教育科学編），52, 147-152, 2003

第11章 特別支援教育

　この章では，特別支援教育とは何か，その対象となる障害の概要と教育的な配慮，特別支援教育の仕組みについて解説する。特に，障害の定義や考え方を整理し，特別のニーズ，必要な支援という観点からとらえ直すことで，特別支援教育が，特定の障害のある幼児・児童・生徒を対象にしたものではないこと，特定の教職員だけが担うものではないことを学ぶ。さらに，多様な人々が共生する社会を構成する一員として，より深い人間観を身に付けられるよう，障害児者のとらえ方を見直す機会を提供する。

1　特別支援教育とは

　文部科学省は，特別支援教育を，障害のある幼児・児童・生徒の自立や社会参加に向けた主体的な取り組みを支援するという視点に立ち，一人ひとりの教育的ニーズを把握して，生活や学習上の困難を改善または克服するための指導，支援を行うものとしている。そして，障害種別やその診断よりも，幼児・児童・生徒が示す困難や，ニーズに合わせた指導や支援の重要性を強調している。

　特別支援教育とは，障害児を主な対象とするが，障害の種別や有無にかかわらず，教育上の困難があり，特別な支援を必要とする幼児や児童，生徒の教育的ニーズに応じた教育であるといえる。

2 さまざまな障害 ～障害とは～

(1) 障害をどうとらえるか

　障害とは何か。長い間，障害は，個人の身体的欠陥・機能不全や，そこから生じる能力の欠如や低下，社会的不利ととらえられてきた。しかし，現在では，障害を個人の問題としてではなく，社会との関わりの中で考えるようになり，さらには，障害の有無にかかわらず，多様な人々が共に生きる社会を目指す取り組みが始まりつつある。その流れは，バリアフリー（障害者にも利用できる環境）からユニバーサルデザイン（誰にでも利用できる環境）への移り変わりにもみることができる。

　2001年に WHO で採択された国際生活機能分類（International Classification of Functioning, Disability and Health；ICF）は，生活機能と障害という視点から，健康の諸要素を分類し，背景因子として環境因子を加えることで，個人の置かれた環境の重要性を示した（図 11-1）。

　ICFでは，生活機能（障害）の構成要素を，心身機能・身体構造（機能障害），活動（活動制限），参加（参加制約），背景因子を，健康状態，環境因子・個人

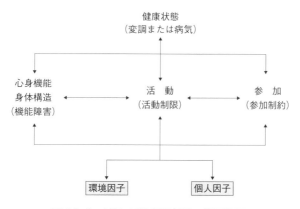

図 11-1　ICF の構成要素間の相互作用
（WHO，2001，厚生労働省日本語訳，2002 に一部加筆）

因子とし，それらが相互に影響し合うとしている。機能障害，活動制限，参加制約は，機能障害によって生活上の困難（活動制限）や社会的不利（参加制約）が生じるといった一方通行の過程ではなく，独立した要素として相互作用する。なお，活動は「個人的」，参加は「社会的」な観点からみた生活機能として一応は区別されるが，実際の領域は，学習と知識の応用，コミュニケーション，運動・移動，家庭生活，対人関係など，活動と参加を明確に区別することは困難である。あえて教育現場に当てはめて区別すると，「自分で食べる」，「走る」は活動で，「給食をクラスで食べる」，「体育の授業，運動会に参加する」は参加，ということになる。

　ICFの大きな特徴は，環境因子の観点を取り入れたことである。物的・社会的環境，周囲の人々の態度や関わり方の要因が，日常の活動や社会への参加，さらに機能障害そのものを左右する。盲導犬（環境因子）を伴えば移動という活動制限は軽減される視覚障害者が，盲導犬への無理解から入店拒否されれば（環境因子），会食に出席できない（参加制約）。ある個人は，活動制限がなくても疾病の後遺症などによる「見た目」（個人因子）に対する偏見・差別（環境因子）から就職で不利になることがある（参加制約）。

　障害とは，個人の機能障害だけでなく，活動の制限や社会参加への制約を含むものであり，環境整備や社会的なサポートによって軽減されたり，社会的障壁によって新たに生じることさえあるものである。

（2）機能障害の原因

　障害は機能障害，活動制限，参加制約に分類されるが，特別支援教育の主な対象となる障害児の多くには機能障害がある。

　では，機能障害はどのような原因で引き起こされるのであろうか。発達の過程に沿って整理する。

　a．受精以前

　遺伝子や染色体が，遺伝や突然変異，放射線，化学物質などの影響により異常を生じ，フェニルケトン尿症やダウン症候群などさまざまな障害の原因となる。

b．胎生期

　胎生期前半の約3か月間（胎芽期）は，受精から器官形成完了までの細胞の増殖，分化が活発で，風疹といったウイルス感染や放射線，化学物質などの影響を受け，身体の構造や機能に障害をもたらす。胎生期後半の器官形成完了から出生までの時期（胎児期）は，母体からのさまざまな影響を受け，妊娠高血圧症候群，喫煙，感染症（トキソプラズマや梅毒など）などが障害の原因となる。

　c．周産期（周生期）

　子宮外での生存可能性のある妊娠22週以降から生後7日未満の出産前後は，外界への環境適応の過程で障害を生じることがある。たとえば，自立呼吸の開始がスムーズに行われない場合には，脳性まひなどの障害を引き起こすことがある。

　d．出生後

　交通事故などによる外傷，溺水による脳の損傷，鉛や一酸化炭素などの中毒，細菌やウイルス感染による脳炎の後遺症などが挙げられる。

　以上，発達の段階ごとに整理したが，実際には，機能障害の原因の多くは不明である。

（3）特別支援教育の対象となる障害

　義務教育段階における，特別支援教育の対象となる障害を，文部科学省の示した概念図をもとにまとめた（表11-1）。義務教育段階以前の幼稚園教育においても同様ではあるが，幼稚園の場合，在籍中に障害の有無がはっきりしない場合が多いことが特徴といえる。

　なお，「通級による指導」の対象となる障害は，「通常の学級での学習におおむね参加でき，一部特別な指導を必要とする程度のもの」とされ，個々のニーズに応じた個別支援が行われる。

　学校・学級種別により，対象となる障害の種類と程度は異なるが，外国語で育ち日本語が使用できない，家庭環境の問題などによりさまざまな不利益を受けているなど，個人因子・環境因子による活動制限や参加制約があり，特別の支援が必要な幼児・児童・生徒も対象に加わる。

　なお，特別支援学校の対象となる障害の程度については，学校教育法施行令

表 11-1　特別支援教育の対象〔義務教育段階〕の概要

重 ↑ 障害の程度 ↓ 軽	【特別支援学校】 　視覚障害　　　　　肢体不自由 　聴覚障害　　　　　病弱・身体虚弱 　知的障害 【小学校・中学校】 【特別支援学級】 　視覚障害　　　　　病弱・身体虚弱 　聴覚障害　　　　　言語障害 　知的障害　　　　　自閉症・情緒障害 　肢体不自由 【通常の学級(通級による指導を含む)】 　視覚障害　　　　　自閉症 　聴覚障害　　　　　情緒障害 　肢体不自由　　　　学習障害（LD） 　病弱・身体虚弱　　注意欠如・多動性障害（ADHD） 　言語障害

表 11-2　特別支援学校の対象とする障害の程度

(学校教育法施行令第22条の3)

区　分	障害の程度
視覚障害者	両眼の視力がおおむね〇・三未満のもの又は視力以外の視機能障害が高度のもののうち，拡大鏡等の使用によっても通常の文字，図形等の視覚による認識が不可能又は著しく困難な程度のもの
聴覚障害者	両耳の聴力レベルがおおむね六〇デシベル以上のもののうち，補聴器等の使用によっても通常の話声を解することが不可能又は著しく困難な程度のもの
知的障害者	1　知的発達の遅滞があり，他人との意思疎通が困難で日常生活を営むのに頻繁に援助を必要とする程度のもの 2　知的発達の遅滞の程度が前号に掲げる程度に達しないもののうち，社会生活への適応が著しく困難なもの
肢体不自由者	1　肢体不自由の状態が補装具の使用によっても歩行，筆記等日常生活における基本的な動作が不可能又は困難な程度のもの 2　肢体不自由の状態が前号に掲げる程度に達しないもののうち，常時の医学的観察指導を必要とする程度のもの
病弱者	1　慢性の呼吸器疾患，腎臓疾患及び神経疾患，悪性新生物その他の疾患の状態が継続して医療又は生活規制を必要とする程度のもの 2　身体虚弱の状態が継続して生活規制を必要とする程度のもの

備考
1．視力の測定は，万国式試視力表によるものとし，屈折異常があるものについては，矯正視力によって測定する。
2．聴力の測定は，日本工業規格によるオージオメータによる。

第22条の３に定められている（**表11-2**）。また，特別支援学校の教育課程の領域には，「自立活動」が加えられ，「障害による学習上又は生活上の困難を主体的に改善・克服するために必要な知識，技能，態度及び習慣を養う」ことになっている。

特別支援教育の対象となる主な障害の概要と教育的配慮について以下に述べるが，教育的配慮については，障害種別や障害の有る無しにかかわらず，個々の幼児・児童・生徒をしっかり観察し，ニーズに応じて柔軟に工夫すべきである。

3 発達障害

発達障害は，中枢神経系に何らかの要因による機能不全があると推定される障害で，通常低年齢で発現する。しかし，中枢神経系の機能不全（機能障害）は「ある」と推定されているだけであり，それぞれの障害の定義や診断基準は行動の特徴によるものである。

(1) 自閉症スペクトラム障害（ASD）

①コミュニケーション，対人関係の形成の困難さ，②言葉の発達の遅れ，③興味や関心が狭く，特定のものにこだわる，などの特徴をもつ行動の障害で，3歳ぐらいまでには徴候がみられる。

具体的には，会話のやりとりができない／オウム返しになってしまう（反響言語）ことがある／人と関わるときの視線や身振りが場にそぐわない／仲間に興味がない／反復的な身体の運動や物を並べたり叩いたりするなどの常同行動／電車やマークなど，限定された対象への強い興味／道順や習慣，物の置き場所などにこだわり，小さな変化に苦痛を感じる，などの特徴が挙げられる。また，特定の音，触感，におい，光や物の動きなどの感覚刺激に対する過敏さ，鈍感さ，強い興味や注意の集中を示すことがある。

教育上の配慮としては，音に対して過敏である場合などに，刺激がなるべく軽減されるよう工夫する／聞くより見て理解することが得意な場合は，写真やイラストなどを活用する／活動などは，見通しが立つよう事前に具体的に説明することなどが挙げられる。

(2) 注意欠如・多動性障害（ADHD）

不注意や多動性－衝動性，またはその両方のため，社会生活や学業への適応に問題を生じる障害である。

具体的には，①課題などに注意を向けられない／不注意による失敗をする／必要なことに注意を持続させることが困難／忘れ物をしたりスケジュールを忘れるなど（不注意），②座らなければならない状況で，座っていられない，座っていても身体を動かす／じっとしていられない／質問し終わる前に答えてしまう／順番を待てないなど（多動性－衝動性）の特徴があり，それらが社会生活や学業に支障をきたす程度で，7歳以前に症状がみられる。

学習においては，注意の集中が持続できるよう，不必要な刺激を取り除く，座席の配置を工夫する／安全面では，危険な物を片付けたり，飛び出し防止策を講じるなど，環境の設定が重要となる。また，多動性や衝動性は集団行動でのトラブルの原因となり，周囲から非難される機会も多くなる。自尊感情の低下などに配慮し，いけないことはしっかり手短に伝え，どうすべきなのかをその場で具体的に伝えることが重要である。

(3) 学習障害（LD）

「基本的には全般的な知的発達に遅れはないが，聞く，話す，読む，書く，計算する又は推論する能力のうち特定のものの習得と使用に著しい困難を示す様々な状態を指す」障害である（文部科学省，1999）。

話にまとまりがない／読むのが遅く，たどたどしい／読み間違いが多い／漢字が書けない／文の理解，作文が苦手／計算ができない，文章題が解けない，などの特徴がみられる。

タイプとしては，読みの障害が最も多く，読字障害（ディスレクシア）とも呼ばれる。他に，書きの障害，算数の障害などがあり，教科目の学習と密接に結びついた障害といえる。

教育的な配慮として，つまずきの原因を把握してそれを補う方法を考えることが必要である。読むときに，読むべき行がわからない，飛ばしてしまうなどの場合には，読む行だけを強調する補助具を，算数の計算の際に，位を揃えら

れない場合には，マス目のノートを使用するなどの工夫が挙げられる。キッチンタイマーや砂時計，イラストやマークなどの理解しやすさを促す補助になるもの，さらにパソコンやタブレット端末などの情報機器も積極的に取り入れるべきであろう。

4　知的障害

①記憶，推理，判断などの知的機能の発達に有意な遅れがみられ，②社会生活などへの適応が難しい状態にある障害であり，③発達期（18歳以下）にあらわれる。

具体的には，①知能検査の結果，知能指数（IQ）が70以下であり，②コミュニケーション，身辺自立，家庭生活や職業などの個人的な活動の制限や社会的参加に制約があり，③原因が事故や疾病などによるものではなく，18歳までに生じる知的機能の発達の障害である。発達障害と同様に，活動制限が診断基準の重要な部分を占める。国際的に知的障害は「知的発達障害」とも呼ばれ，発達障害に分類されるが，国内では法的・制度的に発達障害とは区別される。

知的機能の発達の遅れにより，運動，手先の作業，言語理解や表出，社会性などさまざまな領域の発達が遅れるが，得意，不得意に関しては，個人差が大きい。全般的な発達水準だけでなく，それぞれの領域ごとの発達水準を把握して，それに応じた対応を心がけることが重要である。

5　肢体不自由

上肢（手），下肢（足），体幹の機能障害のため，歩行や筆記などの日常生活動作が困難な状態である。原因として，神経疾患（脳性まひ，二分脊椎症など），筋疾患（進行性筋ジストロフィーなど），骨疾患（骨形成不全症など），関節疾患（関節リウマチなど），事故などによる外傷性疾患や治療のための外科手術による切断の他，胎内での手足の形成不全（形態形成不全）による先天性四肢欠損症などが挙げられる。

障害のある部位や程度により，必要とされる教育的配慮はさまざまである。

専門家からの助言により，物理的環境・設備を整えることに加え，個々人の姿勢や動き，適切な介助方法，健康面の配慮に関する知識を得ることが重要となる。

❻ 視覚障害

　視力，視野，色覚，光覚，眼球運動などの視機能に障害があり，見ることに困難が生じている状態である。特別支援教育の対象となるのは，視力が眼鏡などにより矯正しても 0.3 未満の場合であり，その程度により，視覚から情報を得ることが困難な盲，何らかの補助的な支援により視覚情報を活用できる弱視に，大きく分けられる。

　盲に関しては，点字や音声教材などの触覚や聴覚の活用，弱視の場合は，弱視レンズによって教材を拡大するなど視覚による学習の支援が行われている。最近では，3D プリンタによる触察立体教材の作成，画面読み上げソフトなど，技術の発達によりさまざまな支援方法が開発されつつある。

❼ 聴覚障害

　聞こえの程度により，軽度難聴から最重度の聾までに分類される。また，障害の部位により，外耳から中耳までの障害による伝音性難聴，内耳から中枢神経までの障害による感音性難聴に分けられる。両方の部位に障害がある場合を，混合性難聴という。

　特徴として，音声言語を聞くことに制限があることから生じる言語発達の障害，コミュニケーションの困難が挙げられるが，その程度は，聴力障害の程度，障害が生じた時期，訓練・教育によって大きな影響を受ける。

　聴力を補う補装具として補聴器，手術による治療として人工内耳が挙げられる。補聴器は必要な音を増幅し不快な音を抑えるが，状態に応じた微妙な調整が必要となる。人工内耳は，外部の音を電気信号に変換して聴神経に伝えるもので，補聴器の効果が得られない場合に適用対象となる。しかし，聴神経への電気信号を意味のある音声として認識できるようになるには，音を聞いた経験

などによるが，訓練による学習が必要となる。言語獲得期の幼児については，電気信号を音声言語として学習するため，言語学習に効果が期待される。

コミュニケーション手段として，口唇の動きなどから言葉を読み取る読話，それに手指の記号（子音を表現する）を補助的に加えたキュードスピーチ，手話や指文字などが挙げられるが，正確性においては，筆談が有利であり，それらを状況に応じて使い分けることになる。

8 言語・文化，家庭環境などに関連して必要となる特別の支援

海外で育ち，日本語や日本の文化を知らない場合には，聴覚や言語機能に障害（機能障害）がなくても，コミュニケーションや学習などに障害（活動制限・参加制約）が生じる。特別の支援としては，日本語や日本文化の学習の機会を設ける，授業の理解を促すための補助的な手段を準備する，学級内での仲間関係づくりを支援することなどが挙げられる。また，保護者も同様の課題を抱えている場合があり，丁寧でわかりやすい対応が重要となる。

また，家庭環境の問題によって，情緒的・身体的健康，生活習慣に関する課題が生じ，特別な支援が必要になる場合がある。家族内の人間関係，養育態度，睡眠や食事などの家庭での過ごし方が，学校（園）での問題行動の原因になったり，睡眠不足や空腹で授業を受けられる状態にない，登校（園）すらできないといった障害（活動制限・参加制約）を引き起こすことがある。

背景として，家計状況，家族構成とその関係性，保護者の状況（就労，介護，健康状態など）の問題などがあり，根本的な解決のためには，福祉機関との連携が必要となる。

学校（園）における特別の支援としては，保護者との信頼関係を築きながら家庭での状況を把握し，それをもとに安定して登校（園）できるような対応を心がけること，校（園）内では，本人の状況を観察し，情緒面，対人関係，体調に配慮しながら，過度の負担にならないよう授業や活動に参加させることなどが考えられる。

⑨ 特別支援教育の仕組み

(1) 学校・幼稚園における特別支援教育のシステム

a．特別支援教育に関する校（園）内委員会

各学校・幼稚園は，全校（園）的な支援体制を確立し，障害のある幼児・児童・生徒の実態把握や支援方法の検討などを行うため，特別支援教育に関する校（園）内委員会を設置することになっている。

そのメンバーは，校（園）長，教頭，特別支援教育コーディネーター，教務主任，学級担任をはじめとして必要に応じて構成される。

なお，特別支援学校においては，他の学校の支援も含めた組織的な対応が可能な体制づくりを進め，センター的機能の充実を図ることになっている。

b．実態把握

各学校・幼稚園は，特別な支援を必要とする幼児・児童・生徒の存在や状態を確かめ，保護者に慎重に説明し，連携して，学校や家庭で必要な支援や配慮について検討を進めることになっている。

特に幼稚園，小学校においては，早期の発見や支援の重要性から，実態把握や必要な支援を着実に行うことが重要となる。

c．特別支援教育コーディネーター

校（園）務分掌中に位置付けられ，校（園）長が指名する特別支援教育コーディネーターは，特別支援教育の推進のため，校（園）内委員会・校（園）内研修の企画・運営，関係諸機関・学校との連絡・調整，保護者からの相談窓口などの役割を担う。

d．個別の教育支援計画

特別支援学校は，長期的な視点に立って，一貫した教育的支援を効果的に進めるため，医療，福祉，労働などのさまざまな側面からの取り組みを含めた「個別の教育支援計画」を活用することになっている。その目的は，必要かつ可能な支援を明らかにし，支援の目標を立て，それぞれが提供する支援の内容を具体化して関係機関の役割を明確にすることにある。

幼稚園，小・中学校などにおいても，効果的な支援のために必要に応じて「個別の教育支援計画」を策定し，関係機関と連携を図ることになっている。

e．個別の指導計画

「個別の指導計画」は，個々の実態に応じて適切な指導をきめ細やかに行うために学校で作成されるもので，教育課程を具体化し，一人ひとりの指導目標・内容・方法を明確にしたものである。

特別支援学校は，障害の重度・重複化，多様化などに対応した指導の充実のため，「個別の指導計画」を活用することになっており，幼稚園，小・中学校などにおいても，一人ひとりに応じた教育を進めるため，必要に応じて「個別の指導計画」を作成することになっている。

(2) インクルーシブ教育

インクルーシブは「包み込む」という意味であり，インクルーシブ教育は，すべての子どもを通常の学校教育の中に包括すべきであるという教育理念を指す。すべての子どもとは，障害の有無だけでなく，人種，言語の違い，経済的な制約など，多様なニーズを有する子どもを含むすべての子どものことであり，その実現には，個々の多様なニーズへの対応が必要となる。

文部科学省は，人々の多様な在り方を相互に認め合う「共生社会」の形成に向け，個人に必要な「合理的配慮」の提供の下，障害のある者とない者が共に学ぶ仕組みであるインクルーシブ教育システムの構築が重要であるとしている。

「合理的配慮」は，障害のある子どもが，ほかの子どもと同様に教育が受けられるように，必要かつ適当な変更・調整を行うことであり，個別に必要とされるものである。しかし，「体制面，財政面において，均衡を失した又は過度の負担を課さないもの」と定義されており，教育行財政の充実が課題となる。

なお，「合理的配慮」は，「共生社会」の実現を目指し，障害者基本法の「差別の禁止」を具体化するために2016年に施行された，障害者差別解消法（正式名称：障害を理由とする差別の解消の推進に関する法律）において，行政機関や事業者などにその提供が求められているものである。私立学校では努力義務とされるが，国公立学校には法的義務が課せられている。

インクルーシブ教育での多様なニーズに対応するためには，教職員に加え，スクールカウンセラー，スクールソーシャルワーカー，言語聴覚士（ST），作業療法士（OT），理学療法士（PT）などの専門家や，研修などにより必要な知識を身に付けた支援員などを活用することが必要である。また，通常の学級での授業においてティーム・ティーチングを取り入れることも，インクルーシブ教育における「合理的配慮」といえる。

　インクルーシブ教育の基本理念は，すべての子どもが共に学ぶことではあるが，通常の学校や学級の中だけで子どもの多様性に応えることは不可能である。それぞれの教育的ニーズに対応し，個別に特別の支援を行うためには，通級による指導，特別支援学級，特別支援学校などの整備と連携が必要であり，交流や共同学習の推進によって共に学ぶ場を設けることが重要となる。

　また，教育機関だけでなく，医療機関，発達障害者支援センター，児童相談所，保健センター，ハローワーク（公共職業安定所）など，医療，保健，福祉，労働などの関係機関との連携が，卒業後を見据えた取り組みとしても不可欠である。

演 習

1. 一ノ瀬メイさんの英語スピーチの和訳（一部略）を読んで，障害と個性の関係について考察しよう。
（全英連 第8回 全国高等学校英語スピーチコンテスト，2015年，全文は，http://www.nhk.or.jp/hearttv-blog/3300/212417.html）

「障害って何？」

　私の腕は短いです。あなたは，私をどう呼びますか？ ほとんどの人は「障害者」，つまり「障害をもっている人」と言うでしょう。生まれたときから私はそう呼ばれてきました。しかし，なぜそのように呼ばれなければならないのでしょうか？ 多くの人は，心身の機能が損なわれている（機能障害）人は「障害をもっている」と思っています。でもそれは違うと思います。たとえば，私の腕は短いけれど，これは私にとって「障害」ではありません。勉強もできるし，自転車にも乗れます。泳ぐことも，髪を完璧に結ぶこともできます。私はなんでも自分でできます。ではなぜ私が，「障害をもっている人」と言われなければならないのでしょうか。なんでもできるのに！

　イギリスでは，心身の機能が損なわれている人を"disabled person"（できなくさせられた人）といいます。私はイギリスで，2つの障害のモデルがあることを知りました。「個人モデル」と「社会モデル」です。「個人モデル」はその人の「障害」の問題を個人的な能力の問題だとする考え方です。「個人モデル」の考え方は広く知られていると思います。しかし「社会モデル」はどうでしょうか？

　「社会モデル」はイギリスではよく知られるようになってきている考え方で，障害を生むのは個人の機能的な問題ではなく，社会がその障害を作り出しているのだ，という考えです。では，社会が障害を作り出すとはどういうことでしょう。たとえば外国に行ったとき，言葉が通じずに不自由を感じたことはありませんか？ そんなときにあなたは，その社会で能力的に「障害をもつ」こととなるのです。眼鏡やコンタクトレンズをつけている人が，そういった発明品のない社会で暮らせば，障害をもつことになります。また，そこに段差や階段がなければ，車いすを使う人は能力に「障害をもつ」ことにはならないのです。私は「社会モデル」の考え方に同意します。「社会」とは何か？ それは人です。私たちが障害を作り出している張本人なのかもしれないのです。

　初めに述べましたが，私はなんでも自分でできます。しかし，私には「障害をもたされている」と感じるときがあります。私のことを他の人がじろじろと見るとき

> や，私のことをよく知らないで「障害者」だと決めつけられたとき，私は自分のことを「障害者」なのだと感じます。9歳のとき，競泳クラスに入るためスイミングクラブに行きました。しかしそのクラスに入ることはできませんでした。障害者のために設けられた特別なクラスにしか入ることはできない，と言われたのです。私の短い腕を見ただけで，実際には泳げるのに，ほかの人たちと同じようには泳げないだろうと決めつけられてしまったのです。私はそのとき，生まれて初めて障害者であることを認識させられました。そのスイミングクラブが私を障害者にしたのです。現在，私は競泳の選手をしています。（略）だからもし，あなたが泳げなければ，私がその方法を教えて差し上げます。そうすれば，あなたは海の中での「障害者」ではなくなります。
> 　　　（略）
> 　みなさんが「社会モデル」について理解し，「障害者」の定義を新しい視点で見ていただければと思います。（略）　大切なことは，よく知らないで人を判断しないこと，人はみんなそれぞれ違っていて，特別であることを理解することです。社会が障害者を作るなら，その社会が障害者をなくすこともできるはずです。
>
> （全英連高校部会第二事業部会の許諾を得て掲載）

2. 「障害」の表記に関する検討結果について（障がい者制度改革推進会議，第26回資料2，2010年11月22日）や，インターネット上でのさまざまな意見などを読んで，「障害」を「障がい」と表記することについて意見をまとめてみよう。

● 参考文献
1) 文部科学省初等中等教育局長通知：特別支援教育の推進について（通知），2007
2) 文部科学省報告：学習障害児に対する指導について（報告），1999
3) 原　仁編：最新子どもの発達障害事典，合同出版，2014
4) 文部科学省初等中等教育局特別支援教育課：共生社会の形成に向けたインクルーシブ教育システム構築のための特別支援教育の推進（報告）概要，2012
5) 文部科学省：幼稚園教育要領解説，2018
6) 髙橋三郎・大野裕　監訳：DSM-5 精神疾患の分類と診断の手引，医学書院，2014
7) 厚生労働省「国際生活機能分類―国際障害分類改訂版―」（日本語版）の厚生労働省ホームページ掲載について，2002

索引

■ 項目索引 ■

■ A−Z

ADHD	174
ASD	173
CHC理論	73
DCCS課題	48
D-IQ	72
ICF	169
IQ	71
LD	174
M機能	155
PM理論	155
P機能	155

■ ア

愛着	32, 110
アイデンティティ	79, 118
アイデンティティ・ステイタス	80
足場づくり	29
アタッチメント	32, 110
アタッチメント行動	34
アタッチメント障害	110
アタッチメントの個人差	35
アタッチメントの発達	34
アタッチメントの理論	33
アニミズム	23
アメリカ心理学会	9
アンダーマイニング効果	103

■ イ・エ・オ

いじめ	129
遺伝説	18
遺伝的要因（発達）	17
イド	65, 81
意味記憶	99
インクルーシブ教育	179
エピソード記憶	100
エリクソンの発達理論	39, 79
横断的研究法	4
奥行き知覚	21
オペラント条件づけ	93, 143

■ カ

外在化問題行動	114
灰白質	45
外発的動機づけ	101
カウンセリング	11, 139
学習障害	174
学習不適応	116
学習理論	92
学級集団	152, 158
学級集団の発達	163
学級担任	148
学級風土	159
学級風土質問紙	161
学校教育相談	148
学校心理学（定義）	5
刈り込み（シナプス）	46, 49
感覚運動期	25
感覚記憶	100
環境閾値説	19
環境説	18
環境要因（発達）	17
観察学習	95, 143

■ キ・ク

記憶の二重貯蔵モデル	98
記憶のプロセス	96
機能障害	170
記銘	96
虐待（脳への影響）	49
ギャング・グループ	87, 113, 165

ギャングエイジ……………………87
教育心理学（研究方法）………………3
教育心理学（研究領域）………………2
教育心理学（定義）……………………1
教育心理学（方法論）…………………2
共感性の発達……………………84
空間的自己中心性………………24
具体的操作期……………………27, 82
クライエント中心療法……………67
クライエント中心理論……………140

■ケ・コ

形式的操作期……………………27, 79
原因帰属…………………………104
構成的グループエンカウンター……144
行動主義…………………………92
後頭葉……………………………44
行動療法…………………………143
公認心理師………………………7, 12, 125
国際生活機能分類………………169
心の理論…………………………29
誤信念……………………………30
個性記述的方法…………………5
古典的条件づけ…………………93
個別の教育支援計画……………178

■サ

最近接発達領域…………………28
サイバーいじめ…………………56

■シ

シェマ……………………………25
自我………………………………65, 81
視覚障害…………………………176
視覚的断崖………………………21
自己………………………………76
自己意識…………………………78, 79
試行錯誤学習……………………94
自己形成…………………………76

自己肯定感………………………113
自己実現…………………………66
施設病……………………………33
肢体不自由………………………175
実在論……………………………23
質問紙法…………………………63, 69
シナプス…………………………45, 46
シフティング……………………48
自閉症スペクトラム障害………173
社会的学習理論…………………95
社会的情報処理…………………114
社会的促進………………………153
社会的手抜き……………………153
社会的引きこもり………………121
社会的抑制………………………153
集団カウンセリング……………144
集団規範…………………………153
集団凝集性………………………155
縦断的研究法……………………5
障害………………………………169
条件づけ…………………………93
少年非行…………………………133
少年法……………………………133
職業指導運動……………………11
自律的判断………………………82
神経細胞…………………………45
人工論……………………………23

■ス・セ・ソ

髄鞘化……………………………46
睡眠サイクル……………………53
スクールカースト………………88
スクールカウンセラー…6, 12, 124, 150
スクールサイコジスト…………12
スクールソーシャルワーカー…124
スチューデント・アパシー……120
ストレンジシチュエーション法……35
精神疾患…………………………51
精神分析…………………………64

生物学的要因（発達）……………17
前操作期…………………25, 82
前頭葉…………………………44
想起……………………………98
相互作用説……………………20
ソーシャル・ネットワーク理論……38
ソーシャルスキル・トレーニング
　………………………………145
側頭葉…………………………45
ソシオメトリック・テスト………161

■タ・チ

体内時計………………………53
第二反抗期………………79, 119
大脳皮質……………………44, 45
代理母親の実験（アカゲザル）……32
タブラ・ラサ…………………18
他律的判断……………………82
短期記憶………………………98
チーム学校…………………7, 148
知的障害………………………175
知能（定義）…………………71
知能検査………………………71
知能指数………………………71
チャム・グループ………88, 165
注意欠如・多動性障害………174
聴覚（乳児）…………………22
聴覚障害………………………176
長期記憶………………………99
超自我………………………65, 81
調節（ピアジェ）……………25

■ツ・ト

通級による指導………………171
投影法…………………………70
同化（ピアジェ）……………25
動機づけ………………………101
同調圧力………………………154
頭頂葉…………………………44

道徳性の発達…………………81
特性論（パーソナリティ）……63
特別支援教育…………………168
特別支援教育コーディネーター……178
特別支援教育の対象となる障害……171

■ナ・ノ

内在化問題行動………………114
内発的動機づけ………………102
仲間………………55, 113, 119, 164
仲間関係…………86, 111, 113, 164
仲間集団……………113, 119, 164
乳児の認知能力………………21
人間性心理学…………………66
認知カウンセリング…………117
認知行動療法…………………144
認知主義………………………92
認知心理学……………………10
認知発達………………………20
脳の構造………………………43

■ハ・ヒ

パーソナリティ（定義）……60
パーソナリティ検査…………69
パーソナリティ特性…………63
パーソナリティのビッグファイブ
　理論…………………………64
パーソナリティの類型化……61
白質……………………………45
パターン弁別…………………21
発生的認識論………………10, 25
発達課題………………………108
発達障害…………………128, 173
発達の最近接領域……………28
発達の時期区分………………16
発達の定義……………………15
ピア・グループ…………89, 119
ピアジェの認知発達段階論……24, 82
敏感期…………………………47

■ フ・ヘ・ホ

輻輳説 …………………………………19
符号化 …………………………………96
不登校 ………………………………126
ふれあい恐怖心性 ……………………79
ペアレント・トレーニング ………143
偏差知能指数 …………………………72
防衛機制 ………………………………65
忘却 ……………………………………96
法則定立的方法 ………………………5
保持 ……………………………………96
ホスピタリズム ………………………33
保存課題 ………………………………26

■ マ―モ

マシュマロテスト ……………………48
3つの山問題 …………………………24
メタ記憶 ……………………………100
メタ認知 ……………………………100

問題行動（児童期） ………………114
問題箱 ……………………………9, 94

■ ヤ―ヨ

役割取得の発達 ………………………84
友人概念 ………………………………87
幼児の認知能力 ………………………23
欲求階層説 ……………………………66
四気質説 ………………………………61

■ ラ―ロ

リーダーシップ ……………………155
リビドー ………………………………64
臨床心理士 ……………………………12
類型論（パーソナリティ） …………61
ルクセンブルガーの図式 ……………19
レディネス ……………………………18
恋愛関係 ……………………………120
ロールプレイング …………………145

人名索引

ア―オ

アイゼンク …………………………62
ヴィゴツキー ………………………28
ウィトマー ………………………9, 11
ウエクスラー ………………………71
ヴント …………………………7, 61
エインズワース ……………………35
エビングハウス ……………………97
エリクソン …………………39, 79, 118
オールポート …………………60, 63

カ―コ

ガレノス ……………………………61
キャッテル ……………………63, 73
クレッチマー ………………………62
ゲゼル ……………………………12, 18
コールバーグ ………………………82
ゴルトン ……………………………18

サ―ソ

サーストン …………………………73
ジェームズ ………………………8, 76
シェルドン …………………………62
ジェンセン …………………………19
シモン ………………………………71
シュテルン ………………………19, 71
スキナー …………………………94, 143
スピアマン …………………………73
セリグマン …………………………105
ソーンダイク ……………………9, 11, 94

タ

ターマン ……………………………71
タイラー ……………………………23

ハ―ホ

パーソンズ …………………………11
パーテン ……………………………86
ハーロー ……………………………32
ハヴィガースト ……………………108
パブロフ ……………………………93
バンデュラ ……………………95, 143
ピアジェ …………………10, 23, 24, 31, 82
ビゲロー ……………………………87
ビネ ……………………………11, 71
ファンツ ……………………………21
古川竹二 ……………………………62
フロイト ……………………………64, 81
ベック ………………………………144
ボウルビィ ……………………32, 38, 110
ホール ………………………………8

マ―モ

マーシャ ……………………………80
マーラー ……………………………77
マズロー ……………………………66
モレノ …………………………145, 161

ユ・ロ・ワ

ユング ………………………………62
ロジャーズ ……………………67, 140
ワイナー ……………………………104
ワトソン ……………………………18

【編著者】　　　　　　　　　　　　　　　　　　　　　　（執筆分担）

小山　望（おやま　のぞみ）　田園調布学園大学人間福祉学部教授　　第9章

【著　者】（五十音順）

飯高　晶子（いいたか　しょうこ）　東京理科大学理工学部非常勤講師　　第10章

市川　寛子（いちかわ　ひろこ）　東京理科大学教養教育研究院　　第3章，第6章
　　　　　　　　　　　　　　　野田キャンパス教養部教授

古池　若葉（こいけ　わかば）　京都女子大学発達教育学部教授　　第1章1．3．
　　　　　　　　　　　　　　　　　　　　　　　　　　　　　　第2章，第7章

小泉　晋一（こいずみ　しんいち）　玉川大学大学院教育学研究科教授　　第1章2．4．演習
　　　　　　　　　　　　　　　　　　　　　　　　　　　　　　第4章，第8章

鈴木　弘充（すずき　ひろみつ）　湘北短期大学保育学科教授　　第11章

高村　和代（たかむら　かずよ）　岐阜聖徳学園大学教育学部教授　　第5章

教育・学校心理学

2019年（平成31年）3月15日　初版発行
2024年（令和6年）12月20日　第4刷発行

編著者　小山　望

発行者　筑紫和男

発行所　株式会社 建帛社 KENPAKUSHA

〒112-0011 東京都文京区千石4丁目2番15号
TEL (03) 3944-2611
FAX (03) 3946-4377
https://www.kenpakusha.co.jp/

ISBN 978-4-7679-2117-4　C3037　　新協／田部井手帳
©小山望ほか，2019.　　　　　　　Printed in Japan
（定価はカバーに表示してあります）

本書の複製権・翻訳権・上映権・公衆送信権等は株式会社建帛社が保有します。
JCOPY〈出版者著作権管理機構　委託出版物〉
本書の無断複製は著作権法上での例外を除き禁じられています。複製される場合は，そのつど事前に，出版者著作権管理機構（TEL03-5244-5088，FAX03-5244-5089，e-mail：info@jcopy.or.jp）の許諾を得て下さい。